アクティビストと企業支配権市場

日本企業に変革と再編を迫る
マーケットの猛威

Shareholder
Activism
and
Market
for
Corporate
Control

株式会社QuestHub 代表取締役CEO
大熊将八

一般社団法人 **金融財政事情研究会**

は じ め に

「日本の資本市場は今後30年、40年かけて大きく変革していくと思います。私は、この会社に就職して、職業人生のテーマに据えてこの課題に取り組みたい」。これは企業支配権市場のプロフェッショナルファームである弊社が初めての新卒社員を受け入れることを決めた2021年の秋に、CEOである私にインターンの大学生が言った言葉である。

はたしてそれからの3年間の出来事は、この言葉が半ば正しく半ば誤りであったことを示している。2023年に経済産業省が策定した「企業買収における行動指針」を受けて、これまで同意なき買収を決して行うことがなかった主体がTOBに踏み切り、時価総額で数兆円規模の企業に対する海外企業による買収提案まで行われるようになった。またいわゆる持ち合い株式（政策保有株式）について、金融庁は上場企業に対して解消か保有の合理性に関する説明をより一層厳しく求めるようになった。東京証券取引所は上場企業に対して資本コストや株価を意識する経営を要請し、非公開化を通じて上場企業の数が健全なかたちで減っていくことも歓迎するといったことを半ば公言している。アクティビストによる大量保有や公開の声明、これに対応する企業のアクションをニュースでみかけない日もなくなった。

こうした状況に鑑みれば、冒頭の言葉のうち、―市場の激変―は完全に正しい。だが―30年、40年かかる―は誤っている。変化の速度は予想よりもはるかに早く、今後の5年間でも、日本の資本市場の姿はこれまでと完全に異なったものになる可能性が高い。ヒントは米国にある。

米国では、1988年にKKRがRJRナビスコに対して約3兆円をかけて行った敵対的買収を皮切りに、買収ファンドによる同意なき買収が相次いだ。多くのコングロマリットが解体され、企業は対抗するため再編により選択と集中を行った。企業価値・株価を伸ばす経営のプロが報われるようになり、KKR買収後のRJRナビスコを経営したルイス・ガースナーはその後、瀕死のIBMのCEOとして同社を見事に復活させ、高額の株価・業績連動報酬を得

はじめに　1

た。株価を高めることこそが最大の買収防衛策となったのだ。取締役会は最も株価を上げられる経営者を選ぶようになった。Appleは1996年に、一度は追い出したスティーブ・ジョブスの経営していた会社を買収し、その後彼はCEOとして復帰した。Googleの株主と取締役会は2001年に、テック企業のプロ経営者であるエリック・シュミットを会長として招聘した。こうした企業支配権市場のダイナミズムが、現在も続く米国経済をけん引するイノベーションの土壌をつくりあげたということもできる。

2024年の日本の資本市場が1988年の米国のそれと似た状況にあるとすれば、1990年代以降の米国をみれば、今後数年間で日本で起こることを予見し、先取りできる可能性がある。本書では日本における企業支配権市場の成り立ちから現在のトレンドを豊富な事例を用いて解説したうえで、来るべき未来への展望を描く。

2024年10月

株式会社QuestHub　代表取締役CEO

大熊　将八

目　次

序　章　企業支配権市場へと変貌する日本の株式市場

企業は誰のものか？ ……………………………………………………… 2

第 1 章　企業支配権市場の成立と変遷

我が国における企業支配権市場の確立 ………………………………… 12
　　戦前における企業支配権市場の概観 …………………………… 13
　　戦後の我が国の資本市場と企業支配権市場の成立 ……………… 13
関西スーパーマーケット事件で浮彫りになった政策保有株式の問題点 ……18
日本の上場企業は長い「バリュートラップ」状態が続いた ………………… 20
2023年が「企業支配権市場元年」に ……………………………………… 22
東証市場改革とPBR 1 倍 ………………………………………………… 25
「同意なき買収」を促す指針の整備 ……………………………………… 28
ニデック／TAKISAWAが示した同意なき買収の未来像 ……………………… 30

第 2 章　アクティビストの全貌

アクティビストの定義と日本市場における増加の背景 …………………… 36
企業支配権市場においてアクティビストはどのような存在なのか ………… 38
　　支配権介入型アクティビストの投資スタイル …………………… 40
アクティビストによる株主提案の類型 …………………………………… 44

目　次　3

アクティビストはTOBを仕掛ける主体にも、阻止する主体にもなり
うる……………………………………………………………………47
　アクティビストによるTOBへの介入……………………………50
アクティビストによる経営者の解任…………………………………58

第3章　企業支配権市場における上場企業M&A

M&Aにおける公正性……………………………………………………66
「企業買収における行動指針」のキーワードは「真摯性」……………70
M&AにおけるMoM（マジョリティ・オブ・マイノリティ）…………71
MoMでの買収防衛策の導入……………………………………………76
アクティビストによる真摯な買収提案………………………………77
PEファンドによる上場企業買収の将来………………………………80
アクティビストとPEファンド、事業会社の連携………………………84
真摯な買収提案とパッシブ機関投資家………………………………90
　不公正／不完全な買収提案を契機とするより優れた買収提案の提示…92

第4章　企業支配権市場と向き合う企業の実践的対処法

上場企業は企業支配権市場にどう接するべきか……………………96
　確固たる企業価値向上プランを持つことが一丁目一番地…………96
実践的な企業価値向上プラン策定・開示のポイント………………98
企業価値向上プランと「資本コストを意識した経営」………………105
実際に買収提案を受けたらどう動くべきか…………………………111
　買収防衛策や持ち合いによる対策は時代遅れ？…………………116
　アクティビズムへの対処においても「一般投資家の賛同」がキモ
　となる………………………………………………………………119

プロキシーファイトの戦い方……………………………………………121

能動的に企業支配権市場を活用する………………………………130

第5章 企業支配権市場の将来
──「稼ぐ力」とプロ経営者の時代へ

ますます加速する株主構成の地殻変動…………………………………136

政策保有株式の解消…………………………………………………136

親子上場・持ち分法適用関係の解消………………………………137

企業支配権市場の公正なルールの形成…………………………………141

企業支配権市場の行きつく先……………………………………………142

「自明な歪み」の解消………………………………………………143

経営論点の高度化……………………………………………………143

上場企業経営者のプロ化……………………………………………145

経営人材の集約が業界再編の起点に………………………………146

「稼ぐ力」アクティビズムと真のプロ経営者の時代………………147

終わりに……………………………………………………………………150

事項索引……………………………………………………………………152

【本書の留意事項】
・わかりやすさを優先したために、一部省略・簡略化した表現を用いている場合
　があります。
・本書は執筆時点までの各種情報に基づき、執筆されています。
・本書は情報提供のみを目的としたものであり、特定の商品・サービスなどの勧
　誘を目的とするものではありません。
・意見に当たる部分は著者の見解であり、著者が所属する組織を代表するもので
　はありません。
・著者は、本書から得た情報を利用したことにより発生するいかなる事象のいっ
　さいについて責任を負いません。

序　章

企業支配権市場へと変貌する
日本の株式市場

企業は誰のものか？

古くて新しい問いがいま再び、日本の上場企業に突きつけられている。2022年7月から2023年6月の間に株主提案を受けた上場企業は、過去最高を更新する延べ113社となり、そのうち15社は取締役の解任提案を受けた。

加えて、アクティビストのみならず大手機関投資家や議決権行使助言会社も、不祥事やガバナンス水準（独立社外取締役の比率や女性取締役の有無等）、低ROE（自己資本利益率）などを理由として役員選任議案に反対票を投じるようになっている。2023年には、多くの企業で経営トップの賛成率が急落し、70％を割り込んだ企業も珍しくない。そのなかには、三井住友フィナンシャルグループやキヤノン、京セラ、電通グループ、TOPPANホールディングス（旧凸版印刷）といった超大手企業も名を連ねている。とりわけ、キヤノンでは御手洗冨士夫会長兼社長の賛成率が50.6％と、あわや解任寸前にまで追い込まれた。

2023年2月には、エレベーター業界国内大手のフジテックにおいて、アクティビストファンドのオアシス・マネジメント（オアシス）が臨時株主総会で既存取締役の解任と推薦取締役の選任を諮り、結果として過半の社外取締役が入れ替わった。前年に創業家の会長のガバナンス不全を主張して退任に追い込んだことに続く流れで、2023年の定時株主総会を経て新社長が就任した。

こうした事象をみれば、「上場企業の生殺与奪権を握るのは株主であり、企業は株主のもの」といえる。2012年に、ゴルフ場業界第2位で神田有宏社長（当時）率いるPGMホールディングスが、業界最大手のアコーディア・ゴルフに対してTOB（株式公開買付け）を実施した。アコーディア・ゴルフの経営陣が反対の意見表明を出したため「敵対的TOB」となったが、神田氏は「経営陣が反対しても、株主が賛同するなら友好的TOBだ」と述べた。

この買収の試みは結局、著名なアクティビスト投資家として知られる村上

世彰氏が影響力を及ぼす投資主体が市場内で大量保有に至るまでアコーディア・ゴルフ株式を買い付け、その後TOBに応じなかったことにより失敗に終わったが、企業買収においても株主が主権を握ることがある種当たり前という考え方を世に問う先駆けとなった。

それから9年後、2021年に、SBIホールディングスは自身が筆頭株主であった新生銀行（現SBI新生銀行）に対して経営陣の同意を得ないTOBを実施した。SBIホールディングスの北尾吉孝CEO（最高経営責任者）は「これは建設的なTOBなんです。"ぼんくら"経営者には退場していただかなくてはならない」と決算説明会で主張。新生銀行側は買収防衛策の導入を図り、また村上世彰氏がTOB価格の引き上げを狙い市場内で買付けを行ったが、新生銀行は最終的に買収を受け入れた。その後、SBIは2023年に新生銀行に対する再度のTOBを行って株式の大半を取得し、同行は非上場化された。

経済産業省は2023年8月31日に「企業買収における行動指針」を策定し、従来の「敵対的買収」という用語は「同意なき買収」という言葉に置き換えられた。PGMの神田氏が試み、SBIの北尾氏が成就させた「はじめは経営陣が反対していても最終的に株主の賛同を得て成立する買収」は、あたかも国のお墨付きを得たかのようにみえる。

時を同じくして2023年7月、ニデックは工作機械メーカーのTAKISAWAに対し、同社経営陣の同意を得ないまま、TOBの実施を予告した。直近の市場価格に対して100％以上のプレミアムを支払うことを公表し、TAKISAWAからの公開質問にもわずか2営業日ですべて回答するなど「真摯な買収」であることを強調。最終的にTAKISAWAは買収提案を受け入れた。

こうした動きをみると、「会社は株主のものであり、経営陣は株主価値を最大化させなければ株主総会で解任されるか、買収されて解任させられる」という考え方が日本の資本市場においても一般化しつつあるといえる。このように企業支配権が市場原理のもとで売買されることを「企業支配権市場」と呼ぶ。本書では、日本における企業支配権市場の成立と、それに不可分な存在として関わってくる、アクティビストと呼ばれる議決権を積極的に行使

序章　企業支配権市場へと変貌する日本の株式市場　3

する投資家の生態について、可能な限り詳しく事例を交えて掘り下げていく。

＊　　　＊　　　＊

　本書の内容は企業支配権市場に潜在的に関与しうる全てのステークホルダーに届けたいが、とりわけ上場企業のCEO、CFO（最高財務責任者）、COO（最高執行責任者）、経営企画やIR担当者に読んでほしいと考えている。

　経済産業省の「企業買収における行動指針」1つをとっても、アクティビストやプライベート・エクイティ（以下「PE」）ファンドといった投資家だけでなく、投資銀行や弁護士事務所といったアドバイザーも「これをいかに自分たちのビジネスに活かすか」に日夜思考を巡らせている。一方で、そのターゲットもしくは旗振り役となりうる上場企業関係者には、まだ指針のメッセージが十分に浸透していない面も否めない。企業支配権市場は上場企業経営者にとっての究極的なリスクとなりうる一方で、大胆な企業変革の契機となったり、うまく活用したりすることで企業支配権市場の「仕掛け手」となりM&A成長戦略に活かすことも可能だ。経済産業省の指針も、企業がそのように活用し積極的な業界再編が促されることを念頭に置いている。

　さて、再び冒頭の問いに戻ろう。株主によりクビにされたり、株主の信任により買収されたりする時代が到来してもなお、いやより一層、「会社は株主だけのものではない」という答えは多くの読者の共感を呼ぶと筆者は考える。2023年、アクティビストのバリューアクトキャピタル（バリューアクト）により代表取締役の解任議案が定時株主総会で諮られ、辛くも否決したセブン&アイ・ホールディングスでは、かつて栄華を誇りながらも低採算事業に陥ったそごう・西武を売却する企業価値向上施策を試みた際、西武百貨店が所在する豊島区や同社の労働組合から猛反発を受け、最終的にはストライキにまで発展した。バリューアクトはコンビニ事業以外の売却を求めていたことから、そごう・西武の売却は株主と経営陣の目線が一致したものであったが、消費者や地権者、労働者といったステークホルダーを十分に納得させる対話を行えなかったことからディールは混迷を極めた。

　また非上場企業ながら、旧ビッグモーターや旧ジャニーズ事務所は、消費

者の信頼を失う不正行為やタレントへの人権侵害といった事由により経営陣の交代を余儀なくされている。企業、特に上場企業は社会の公器として、従業員・顧客・金融機関・社会／環境といった株主以外のステークホルダーにも責任を果たしていく必要があり、その結果として最終的に残った価値が株主価値である、という考え方は、株主主権の極北を行く米国でも主流となりつつある。

あえてスタンスをとれば、環境・社会・ガバナンスに配慮した投資を指す言葉である「ESG投資」もこの概念を反映している。適切なガバナンス（G）のもとで環境（E）や社会（S）に関連するステークホルダーへの責務を果たさない企業は、機関投資家から投資を引き揚げられる（ダイベストされる）ないし役員選任議案で反対行使を受ける。冒頭で取り上げたキヤノンも、賛成率低下の直接的な原因は「女性取締役の欠如」というESGの文脈におけるものであった。つまり企業支配権市場は、**「経営者は株主以外のステークホルダーにも配慮したうえで実現可能な株主価値の最大化を果たさなければ株主によりクビにされる、ないし買収されることを前提に支配権が売買される市場」**という概念に拡張可能である。

実際の究極的な事例として、ハウスメーカーの三栄建築設計があげられる。創業者で大株主でもある小池信三氏による反社関連取引が明るみになった同社は、小池氏が株式を売却しなければ銀行が融資を引き揚げざるをえない事態となり、同業大手のオープンハウスが買収し完全子会社化するに至った。まさに適切なガバナンスのもとで社会を含むステークホルダーへの責務を果たさなかったがために、企業の支配権が他社にわたった事例といえる。

＊　　　＊　　　＊

アクティビストは企業不祥事に乗じて経営陣の解任を企図することも多い。東芝においては会計不祥事や当時の経営陣による株主への不適切な圧力行為の疑惑がアクティビストによる株主提案の契機となり、複数の経営陣が退任するに至った。最終的に株主との信頼関係を完全に喪失した同社は、実質的に株主主導といえるプロセスを経てPEファンドの日本産業パートナーズ（JIP）連合に2023年に買収された。

積極的に経営陣の解任事由を探すべく、アクティビスト自らが企業の側面調査を行い、積極的に不祥事を探し、公表する事例も出てきている。冒頭にあげたフジテックの例も、創業家による会社の「私物化」をオアシスが指摘したことに端を発している。

　海外では、マーケットに認知されていない企業不正を調査・公表することで、株価下落による「空売り」のリターンを収益の源泉とする「空売りアクティビスト」が跋扈している。その代表例ともいえるマディ・ウォーターズは、中国企業ラッキンコーヒーの売上不正を最初に告発した空売りアクティビストとして有名で、ニデック（当時の日本電産）及びペプチドリームといった日本企業へのキャンペーンも行っている（ただしこの日本企業2社に対する指摘は不発に終わった）。

　マディ・ウォーターズCIOのカーソン・ブロック氏は日本経済新聞のインタビューで「我々は究極のESG投資家だ」と述べている。アクティビストは資本市場における「不寛容な少数派」として、企業に不都合な真実を突きつけることでリターンの最大化を図る存在である。そのリターンの源泉は、余剰資産の処分を通じた株主還元の拡大といった一時的な株主価値の向上施策から、不採算事業の売却など事業ポートフォリオの入れ替えによる長期的な企業価値拡大と株価向上を図るもの、さらにはその両方を組み合わせるなど多様であり、アクティビストごとに得意なスタイルや特徴は異なる（各アクティビストファンドの特色については第2章にて詳述）。

　このようにしてリターンを得る具体的な手段の1つが、投資先企業が他の事業会社などにプレミアム付きで買収される際に、保有株式の売却を通じて「支配権プレミアム」を享受する手法である。アクティビストはまさにこの支配権プレミアムを享受するために、ガバナンスなどの観点で追及点を探し、その企業支配権を「移転させるべし」と迫るのである。

　最もわかりやすい事例には「親子上場の解消」があげられる。親会社という支配株主が存在していることにより一般株主の権利保護が疎かにされかねないことをイシューとし、上場している子会社側の株式をアクティビストが保有する。親会社に「完全子会社化するか別企業ないしPEファンドに売却

するべし」と迫り、その実現により支払われるプレミアムを享受するという投資スタイルだ。

　ほかにも、一般株主が支配権プレミアムを享受する特徴的なイベントとして非公開化があげられる。プレハブ建築、立体駐車場などを手がけるスペースバリューホールディングスでは、創業家の大株主が不祥事により約10％の株式を保有した状態で会社を追われた後、アクティビストファンドのアスリード・キャピタル（アスリード）が20％超を保有。アスリードによるプレッシャーも影響し、同社の経営陣はPEファンドのポラリス・キャピタル（ポラリス）による買収を選択して非公開化に至り、アスリードは支配権プレミアムを享受した。

　こうした支配権プレミアムの享受を主要な投資戦略の一つとし、取締役選解任や非公開化の要求など、会社の支配権に直結する提案を厭わないアクティビストを、本書では独自に「支配権介入型アクティビスト」と呼称する。企業支配権市場の成立に従い、この支配権介入型アクティビストの活動はますます活発化することは不可避であり、上場企業はそれらを正しく理解しつつ、平時より企業価値を最大化するというかたちで備えるべきであるというのが、本書において貫徹されている命題である。

＊　　　＊　　　＊

　遅くなったが、筆者及び筆者が代表取締役CEOを務めるプロフェッショナルファームであるQuestHub（クエストハブ）について紹介する。

　筆者と企業支配権市場及びアクティビストファンドとの出会いは、東京大学経済学部在学時代の2016年にさかのぼる。当時の筆者は、日本の上場企業に対して忖度ない主張を行う経済ジャーナリストを志しながら、メディア業界の領域で自ら事業を興したいと考え、経済誌で企業分析に関する連載を行っていた。

　当時は、金融庁と東京証券取引所（以下「東証」）によりコーポレートガバナンス・コードが前年の2015年に制定され、上場企業のガバナンスに関する社会的な問題意識が急速に高まりつつあった。そうしたなか、筆者は東証１部（当時）上場のDLEが会計不正を行っていることを公開情報の分析に

より推定し、『現代ビジネス』（講談社）及び『FACTA』（ファクタ出版）で指摘した。同社は翌年に上場以来の不正会計を認め、当時の代表は辞任、最終的に朝日放送に買収された。結果的に企業支配権市場の機能が働いたわけだ。

　その頃世間を騒がせていたのが前述の空売りアクティビストの日本上陸だ。企業の会計不正やガバナンス不全を健全化するという観点において、株主の立場から変革を迫るアクティビズムは筆者が行ってきたジャーナリズムと同等以上に有力なアプローチなのではないかという仮説から投資ファンドで働くことに興味を持ち、日本テレビ放送網を入社後1カ月で退職し、シンガポール籍で日本株を中心に投資する投資ファンドの3Dインベストメント・パートナーズ（3D）に入社し、1年弱の経験を経て独立し株式会社QuestHubを創設、様々なアクティビストファンドやヘッジファンド向けに上場企業のデュー・デリジェンス（リサーチ）を行う業務を祖業として開始した。

　創業翌年の2019年には、LIXILグループにおいて、創業家出身の取締役だった潮田洋一郎氏に追い出された瀬戸欣哉元取締役社長CEOが、機関投資家の支持を得て株主総会で勝利し社長に返り咲くという日本の支配権市場にとって画期的な出来事が起こった。また同年には、PBRが1倍をはるかに下回る市場価格で放置されていたユニゾホールディングスへのHISによる敵対的TOBも行われた。結果としてTOBは不成立となり、様々な対抗提案者が登場して、最終的にローンスターをスポンサーとするEBO（注）によって同社は買収された。ガバナンス不全があれば創業家であっても株主の力で追放され、割安な企業は放置されずに容赦なく買われるという真の意味での企業支配権市場が胎動を始めた年であったともいえる。

（注）　Employee Buy-Out（エンプロイー・バイアウト）の略語で、従業員が株式を買い取る「従業員による企業買収」を意味する。これに似た意味のMBOは、Management Buy-Out（マネジメント・バイアウト）の略語で、経営陣が株式を買い取る「経営陣による企業買収」を意味する。

　だが、アクティビストファンドが次々と立ち上がり活発化する一方で、企

業側に立って市場と対話して変革を行うプロフェッショナルはまだ数少なかった。当社は、その立ち位置こそが日本の市場の発展に最も大きく貢献できると考え、上場企業を顧客とするアドバイザリー事業に軸足を移していき、現在では上場企業の支援に特化している。

このように、アプローチこそジャーナリズムから株主アクティビズムを通じた間接的手段、そして上場企業への直接的な支援へと変遷してきたが、私が目指す世界観やゴールは一貫している。プロキシーファイトや同意なき買収への対応といった企業支配権市場における究極のシチュエーションにおいても、有事であるからこそ保身や守りに入るのではなく聖域なき企業変革に繋げる契機にすべきという考えのもと、ファイナンスを主軸に経営戦略を描く「有事のCFO」ロールを担い、大胆かつ適切なエクイティストーリーの変更に伴うキャピタルアロケーションや事業ポートフォリオの変更、祖業の売却や社名変更、非公開化、業界再編など究極的な経営課題の解決に伴走し長期的な時価総額、ひいては企業価値を最大化することをミッションとしている。変革を通じて企業価値を最大化する、すなわち経営陣自らが「ベストオーナー」であることを示すことこそが、結果的に最良の「株主対策」「買収対策」にもなると考えている。

本書もやはり、上場企業経営者の武器、助けとなる内容を志していきたい。

「企業は誰のものか？」

冒頭の質問の答えは「株主を含む多様なステークホルダーのもの」である。正しくステークホルダーの利益を差配しパイを増やすことがまさに経営者の役目であるからだ。

第 1 章
企業支配権市場の成立と変遷

我が国における企業支配権市場の確立

第1章では、「適切な経営がなされていなければクビにされるか、買収される」という企業支配権市場の成立に至るまでの日本の資本市場を俯瞰していく。

大前提として企業支配権市場は株主の権利や株式市場と本来的には不可分の存在であり、厳密には近年になり新しく生まれた概念ではない。株式には議決権が付随しており、それを集めると企業支配権を得ることができる。そして上場企業であれば株式は公開市場で売買されている。つまり、いまも昔も株式市場というのは企業支配権が売買される市場としても機能してきた。たとえば、上場企業に対するTOBによる買収はまさに株式市場の機能を用いて企業支配権が取引される実例だ。なお、本書では単独で企業支配権を保有しない場合であっても、多数の株主の賛同により経営陣が入れ替わることも広義の企業支配権市場が機能したものとして取り扱っている。

では、日本の上場企業において常に企業支配権市場が完全なかたちで機能してきたかというと、そうではない。特に戦後から近年に至るまで、日本の上場企業における支配権移動は「友好的」なケースばかりで、「敵対的買収」が成立することがほとんどなく、株主が上場企業の経営者を交代させることも一部の例外的な事例にとどまっていた。そして、こうしたケースにおける「友好的」「敵対的」の主語は「現経営陣」だった。つまり、株主ではなく現経営陣が企業支配権移動における意思決定の主体というのが実情だった。

なぜそのような状態になっていたのか。株式市場が企業支配権市場として機能するためには、株主を中心とした当事者が「適切な経営がなされていなければ経営者はクビにされるか、買収されるべきである」という前提となる共通認識を持ち、かつそれに基づく活動が制度的・社会的に制限されないことが求められる。そのような土壌がないなかで一部の主体だけが活動を行ったとしても、企業支配権市場は適切に機能しない。

では、我が国の企業支配権市場はいかにして成立するに至ったのだろうか。

戦前における企業支配権市場の概観

戦前においても、経営陣に緊張感をもたらす企業買収等の事例は多く存在する。

この時期に起きた敵対的買収の事例として、東急グループ創始者の五島慶太による活動があげられる。1920年代に武蔵電鉄の常務となり経営者の第一歩を歩んでいた五島は、経営不振に陥っていた池上電鉄（現在の東急電鉄池上線）や玉川電鉄（現在の東急電鉄玉川線）等に対して、これらの企業の主要株主を説得し経営陣を総辞職に追い込み、経営権を獲得した。五島のこれらの活動から、パフォーマンスの低い経営陣を交代させるメカニズムとして敵対的買収が有効に機能していたとの評価がある。

また、成長企業を買収し、より一層の成長を志向するような企業買収の事例も見受けられる。具体的には、戦間期に激しい競争が展開されていた電力業界において、東京電灯が11年の間で19件ものM&Aを実行し、業界における競争優位の確立を目指した。

もっとも、この時期の経営陣を一掃させるような買収すべてが、五島等の事例のように有効に機能していたわけではない。1900年代の鐘淵紡績における事例のように、経営に混乱を招く買占め行為も横行していた。そのため、企業経営を規律させるような企業支配権市場は、戦前においては未発達であったといえる。

戦後の我が国の資本市場と企業支配権市場の成立

戦後は、我が国において企業支配権市場は長らく機能しなかった。ルール整備が進んでいなかったことに加え、企業が純投資以外の目的で保有する「政策保有株式」を大量に抱えていたことが企業支配権市場の成立を妨げてきたのだ。企業支配権市場が機能するためには、純粋に企業価値・株主価値向上にインセンティブを持つ一般株主が株主構成の大半を占めることが不可

第1章　企業支配権市場の成立と変遷　13

欠だ。政策保有株式は、後段で例示するように企業価値・株主価値向上以外のインセンティブも有しており、一般株主の声をかき消す存在になりうるのだ。1980年代までは銀行や事業会社による株式の持ち合いが日本株保有の約7割を占め、株主として期待している追加的なリターン（マーケットリスクプレミアム）は極めて低かった。他方、1980年代までは負債コスト（リスクフリーレート）が高かったため、株式のリスクプレミアムを機械的に計算すると一時期はマイナスに陥っていた。一般的な企業価値の算定理論において株主資本コストは負債コストを上回っていることが前提となっているが、日本においてこれが成立したのは1990年代後半になってからである（**図表1－1**）。

また、それに伴って海外投資家の株式保有割合が1990年以降に急増した。1970年代は海外投資家の保有割合が全体の5％を占めるにすぎなかったのに

図表1－1　日本における株主資本市場は1990年代後半にようやく始まった
金利と株式リターンの長期推移
1984年以降のデータ

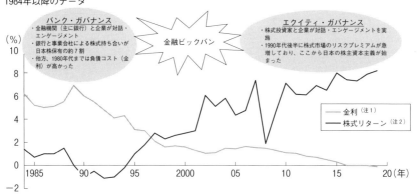

注1：金利：リスクフリーレートは10年国債のパーイールドの期中平均。企業からみた負債コストと完全には一致しないが、銀行の利ザヤは30年前は1％程度、足元で0.1％程度であり、負債コストと近似できる。
注2：株式リターン：マーケットリスクプレミアムは株主資本コストからリスクフリーレートを減じて計算。なお株主資本コストは株式益利回りに潜在成長率を加算して計算している。
出典：野村證券市場戦略リサーチ部データ、ならびにニッセイ基礎研究所よりQuestHub作成。

図表1－2　2000年以降外国人投資家が日本における最大の投資主体になり、また売買状況でみると圧倒的に海外投資家の割合が大きく、日本市場のプライスリーダーは海外機関投資家といえる

株式保有比率の推移　1970年～2023年のデータ

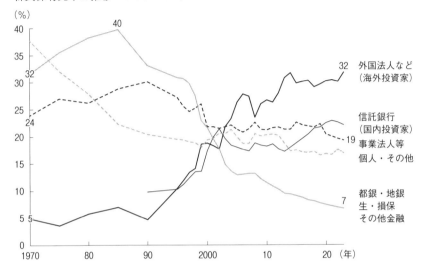

株式売買比率の推移　2012年～2021年は東証1部、2022年～2023年は東証プライム

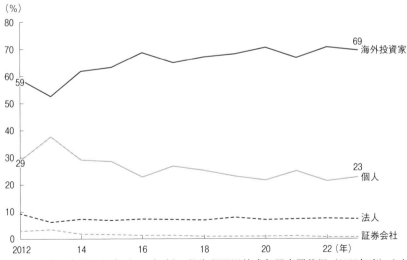

出典：株式分布状況調査（2023年度）、投資部門別株式年間売買状況（2023年度）よりQuestHub作成。

第1章　企業支配権市場の成立と変遷　15

対し、現在では全体の30％以上を占める最大の投資主体となっている（**図表１－２**）。

その後、2015年に策定された「コーポレートガバナンス・コード」でも政策保有株式に対する言及がなされ、2018年の改訂で大幅に記載が強化される。こうした動きに伴い、徐々に政策保有株式は縮減される傾向が強まっていった。しかし、政策保有株式の縮減は大型株を意味するラージキャップ企業でこそ一定程度進んでいるものの、上場企業の大宗を占めるミッド・スモールキャップ企業では依然として議決権において大きな影響力を有している状況は残っていた。特に、東証上場企業の大宗を占める資本金100億円未満の企業では、7割程度において与党株主の議決権保有割合が4割を超えている。そのため、株主構成の観点から実質的に株主提案の可決や同意なき買収に相応のハードルがある状態となっている。つまり、政策保有株式が実質的な買収防衛策としての機能を果たしているのである。こうした状況下では、経営陣は株主を意識した企業価値向上のためのインセンティブを持ちづらい（**図表１－３**）。

実際に、弊社が過去にある上場企業に対して企業価値向上支援の提案を行った際には、以下のようなことがあった。

同社のPBRは過去20年で1度も1倍を超えたことはなく、株価が解散価値を下回る状況は改善されていない状態にあった。ところが、同社は、役員・創業家に加えて政策保有株式（銀行・保険及び事業法人）が議決権の約50％を保有しており、当時、アクティビストも議決権の約10％を保有していたが、どれだけ買い増されようと株主提案の可決も、過半を取得するTOBの成立も事実上不可能な状態であった。同社の役員は「持ち合い株主がいる限り今後数年乗っ取られることはないので、株主を強く意識した経営は現時点で必要がない。いつか持ち合い株主がいなくなったら企業価値向上に本腰を入れる」とコメントした。

投資家からの政策保有株式への見方は厳しい。ある国内大手アセットオーナーは「日本企業のガバナンス改革の進捗において、最も遅れている点の1つが政策保有株式の問題である。個別対話や協働対話を通していくつもの企

図表1-3　上場企業の与党株主比率は、上場企業全体の大宗を占める中小型株において依然として高い水準にあり、企業支配権市場が機能しづらい状況にある

上場企業各社の安定株主比率の分布
商事法務研究会「株主総会白書」2023年版：上場企業に対するアンケート結果

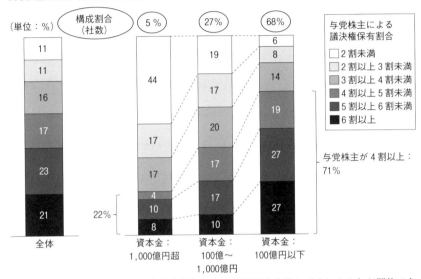

注：「安定株主比率」とは、株主総会決議で会社側提案を支持してくれることが期待できる株主が保有する議決権数の総議決権数に対する比率を想定している。
出典：商事法務研究会よりQuestHub作成。

業の経営層と話しているが、この点は最後までかみ合わない」と話す。「いまの世の株主は企業を構成するステークホルダーの1人として、長期的な視点で自分たちの真剣な声を聞いてほしいと思っている。それができる唯一の場が株主総会だ。しかし、安定株主の存在によって株主総会の存在意義が問われ始めた。安定株主の裏側にあるのが政策保有株式である。だから、我々は日本のコーポレートガバナンスの一番の問題として「政策保有株式」を掲げている。売却益への課税の減免などで企業の背中を押す必要もあるのではないか」。別の機関投資家も「弊社も政策保有株式については徐々に基準を厳しくしてきており、他社による株主提案が政策保有株式に関する開示や政策策定にかかるものであれば原則として賛成する」と述べている。

関西スーパーマーケット事件で
浮彫りになった政策保有株式の問題点

　一般株主からみた際の政策保有株式を"保有している"ことの直接的な弊害は、非事業用の資産として株式を有しB/Sが膨らむことによってROE（自己資本利益率）を押し下げていることである。だが、企業支配権市場の文脈では政策保有株式として"保有されている"ことの弊害のほうが取り沙汰されることが多い。

　この点に対する議論の火付け役になったM&Aディールが、2021年の関西スーパーマーケット（現関西フードマーケット）とH2Oリテイリングとの経営統合である。

　関西スーパーマーケットは2021年11月の臨時株主総会で、H2Oリテイリングから提案された経営統合議案を上程した。当時、関西スーパーマーケットの株主構成は、取引先などの政策保有株式が議決権の半分弱を占め、全体として会社与党株主が6割程度を保有する状況だった。そこに同社の大株主でもあった同業のオーケーが、経営陣の同意があれば当時の関西スーパーマーケットの株価を大きく上回る2,250円での対抗TOBを実施すると表明した。だが、関西スーパーマーケットは、実質的にその価格を大きく下回るH2Oリテイリングからの経営統合プランを選択。臨時株主総会における経営統合議案の可否によって決着がつけられることとなった。

　経営統合議案に対する株主の判断はハッキリと分かれた。純投資として関西スーパーマーケットを保有していた機関投資家は軒並み経営統合議案に反対した一方、政策保有目的の株主の大半は経営統合に賛成した。

　結果的に統合議案は特別決議に必要な3分の2以上の賛成をわずかに上回る薄氷の差（賛成率66.68％）で可決された。

　経営統合に賛成した株主も反対した株主も、自らの利益を最大化するような合理的な権利行使を行ったという点では同じだ。しかしながら、取引関係の有無や保有目的によって正反対の行使結果となり、大多数の一般株主が望

図表1－4 関西スーパーマーケット（当時）の事例では、機関投資家は軒並み反対票を投じたものの、政策保有株式が賛成に回ったことで可決

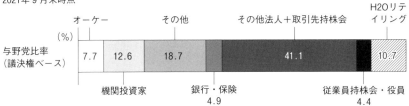

機関投資家は統合議案に軒並み反対行使

機関投資家名	統合議案に対する賛否
野村アセットマネジメント	反対
アセットマネジメントOne	反対
大和アセットマネジメント	反対
日興アセットマネジメント	反対
三井住友トラストアセットマネジメント	反対
三菱UFJ国際投信	反対
三菱UFJ信託銀行	反対
みずほ信託銀行	反対
ブラックロックジャパン	反対
バンガード・グループ	反対
フィディリティ投信	反対
日本生命保険	賛成
住友生命保険	賛成

出典：Bloomberg、会社四季報、Diligent、各社開示資料等よりQuestHub作成。

む方向性と異なる結論となった。本件は、一般株主と政策保有株式の両者の利益が相反しうることが可視化されたといえるだろう（**図表1－4**）。

日本の上場企業は
長い「バリュートラップ」状態が続いた

　日本企業に対して長らく企業支配権市場が機能してこなかった結果、日本市場全体が「魅力的な事業や資産を有する一方で、値付けが安い」という状態となった。裏を返せば、日本株のプライスリーダーである海外機関投資家からの日本株に対する評価が芳しくないともいえる。

　たとえば、直近30年間で米国市場の時価総額合計は13倍になっているが、日本市場の時価総額合計は２倍にしかなっていない。1990年には、日本は世界の合計時価総額の30％以上を占めていたが、現在は５％程度と相対的な地位が大きく低下しており、世界の投資マネーは日本以外の中国をはじめとしたアジア各国の資本市場に流れてきた（図表１－５）。

　一方で、日本には4,000社近い上場企業があり、その数は年々増加傾向にある。かたや米国では1980年代以降、アクティビストによる要求や敵対的TOBの常態化などを背景に企業支配権市場が機能した結果、業界再編による経営統合やPEファンドによる買収が進んだ。過去25年間で、米国の上場企業数は日本とほぼ同数のおおよそ半数になり、一貫して増加を続ける日本とは対照的である。

　また、投資家としては4,000社近くもの会社をリサーチするのは物理的に不可能であり、企業側も数千社に及ぶ上場企業のなかで埋もれてしまう可能性をはらんでいる。

　株価と取引高には強い相関があり、取引高（流動性）がそもそもないと、業績が改善しても投資家から注目されず株価が上がりづらい。つまり、多くの日本企業は１銘柄当りの時価総額が小さいため、いつまでも割安なまま放置される「バリュートラップ（割安の罠）」状態に陥っていた（図表１－６）。

図表1−5　日本の株式市場は、世界の株式市場中で地位が大きく低下している

時価総額推移

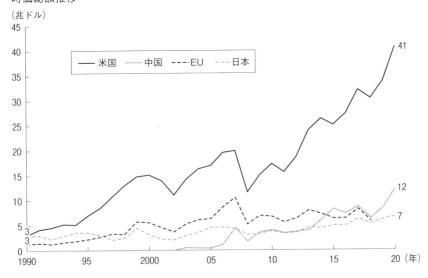

時価総額比重の推移

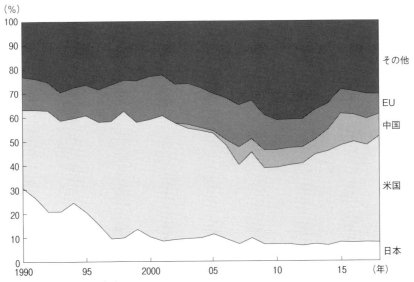

注：EUデータは2018年まで。
出典：世界銀行よりQuestHub作成。

第1章　企業支配権市場の成立と変遷　21

図表1－6　取引高が少ない企業は投資家から忘れ去られている
1社当り1日平均売買代金推移（注1）

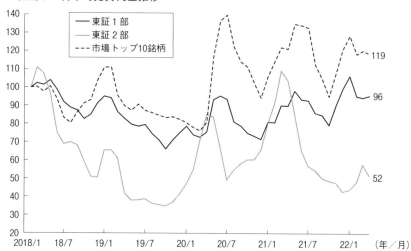

注1：3カ月間移動平均を2018年1月を100として正規化／市場トップ10銘柄は流動時価総額の大きいトヨタ、ソニー、ダイキン、ファナック、東京エレクトロン、ファーストリテイリング、ソフトバンク、三菱UFJ、キーエンス、KDDIを選択。
注2：2018年1月を100として正規化。
出典：日本取引所グループ、Hibiki Path Advisors「資本市場の構造変化と今後の対話の在り方」よりQuestHub作成。

2023年が「企業支配権市場元年」に

　上述のとおり、日本の株式市場は株価向上に純粋なインセンティブに基づいた議決権行使を行わない主体が議決権を保有していたことで、企業支配権市場として機能しているとは言い難い状況だった。しかし、2023年を境に、ようやく企業支配権市場が本格的にその機能を開始したといえる。
　まず、政策保有株式に対する議決権行使助言会社や大手機関投資家の議決権行使基準がいよいよ厳しくなってきた（**図表1－7**）。
　それにより、一部の企業では政策保有株式の縮減に向けた動きを一層加速させている。たとえば様々なメディア関連企業の株式を保有するリクルート

図表 1 － 7　政策保有株式に対する議決権行使助言会社及び大手機関投資家の議
　　　　　決権行使基準は年々厳しくなっており、純資産の20％程度が取締役選
　　　　　任議案への反対推奨・行使の目安

議決権行使助言会社及び大手機関投資家の取締役選任議案に対する政策保有株式基準		取締役選任議案反対率（％）2023年 4 － 6 月：会社提案
ISS	保有額（みなし保有を含む）が純資産の20％以上の場合、経営トップの取締役に原則反対推奨	9.4（注）
グラス・ルイス	保有額が純資産の10％以上の場合、取締役会議長に原則反対推奨（例外規定あり）	N/A
野村AM	保有額が金融機関については純資産の50％未満、金融機関以外の会社については投下資本の20％未満の場合、会長・社長等の取締役の再任に原則反対	9.3
アセマネOne	保有額が純資産の20％以上を占める場合（金融セクターについては40％以上）、代表取締役選任議案に原則反対	15.8
大和AM	保有額（みなし保有を含む）が純資産の20％以上、かつ縮減の取り組みが十分と判断できない企業の代表取締役再任議案に原則反対（20％未満でも反対する場合もある）	8.9
日興AM	保有額が純資産の20％以上の場合、経営トップの取締役選任に原則反対	18.5
三井住友トラストAM	保有額（みなし保有を含む）の純資産比がTOPIX構成銘柄全体の上位10％ Tileで 3 年以上在任の取締役選任に原則反対（当面の対象はTOPIX500構成銘柄のみ）	20.7
三井住友DSAM	保有額が純資産の20％以上の場合、取締役選任に原則反対	26.6
りそなAM	保有額が純資産の20％以上かつROE 8 ％以上でない場合、合理的かつ説得性ある説明と実績がなければ、代表取締役選任に原則反対	11.3
明治安田AM	保有額が純資産の10％以上の場合、代表取締役再任に原則反対	19.0
東京海上AM	保有額が純資産の20％以上である場合、経営トップの取締役選任に原則反対	17.0
ブラックロック	貸借対照表上で現預金・有価証券、及び投資その他有価証券保有額が純資産の50％以上、かつROEが 5 ％未満の場合、責任を有すると考えられる取締役再任に原則反対（金融・保険業は除く）	9.7

注：2023年の実績値。
出典：公開情報よりQuestHub作成。

第 1 章　企業支配権市場の成立と変遷　23

ホールディングスは2023年以降、大日本印刷（DNP）が保有する自己株式の買付けに始まり、TOPPANホールディングスに対しても同社株買いを行いTOBによって持ち合い解消に動いた。トヨタもKDDI株やデンソー株を売り出した。一部の地銀においても、これまで岩盤だった政策保有株式を売却し、株主還元を強化したことでPBRが大幅に改善し株価も急上昇したという例もある。

一方、電通やフジメディアホールディングス、TOPPANホールディングスは政策保有株式の多さを理由に、機関投資家から多くの反対行使を受けたことで、経営トップの賛成率は70％未満にまで低下しており、対応は急務

図表1－8　ドイツの金融機関による国内企業の株式保有は1990年代後半から2000年代にかけて4分の1に。背景にはキャピタルゲインへの非課税措置がある

ドイツの金融機関による国内主要企業の株式保有件数の推移
件数：1996－2010年

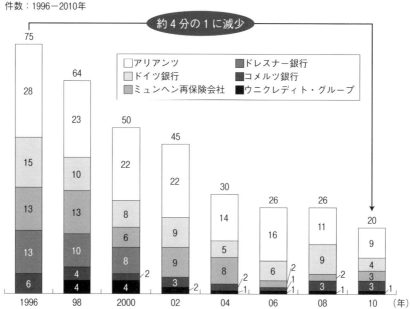

出典：野村資本市場クォータリー「ドイツの金融機関による株式保有の経緯と現状」、野村総合研究所「ドイツにおける資本市場改革及び金融機関の対応等に係る調査報告書」よりQuestHub作成。

だ。政策保有株式の解消とともにこうした企業も企業支配権市場を意識せざるをえない時代に突入している。

　政策保有株式は近年、減少傾向にあるが、さらなる政策保有株式の売却を促すためには我が国においてもキャピタルゲインの非課税措置導入など制度面での整備を検討する必要がある（**図表1－8**）。

東証市場改革とPBR1倍

　東証は、2022年4月から市場区分を「プライム」「スタンダード」「グロース」の3つに新たに再編を行った。旧東証1部の上場企業は、玉石混交かつ規模の差が大きいとの批判がなされていたなかで、市場参加者（特に海外機関投資家）からはMSCIジャパンのユニバースに入りうる時価総額2,000億円以上の約500社をプライム市場上場企業にしてはどうかとの見解が多数存在していた。また十分な英文開示が可能な企業もこの程度の社数との見解が多かった。

　しかしながら、「最上位市場から落ちる」企業が多数出ることに対して政財界からの反発が強く、東証は妥協案として「東証1部と2部を温存したうえで、新市場としてプライムをつくる」「時価総額500億円以上（実質上位1,000社）をプライムとする」などの選択肢を考案した。最終的には流通時価総額100億円にまで基準が緩和され、旧東証1部の84%がプライム市場に残ることになり、長年の課題である「玉石混交」問題は解決されなかった（**図表1－9**）。

　「プライム市場の基準が流通時価総額100億円にまで下がったことに対する批判があることは知っている。旧東証1部の企業なのに、日本株の代表としての意識がない経営者も見受けられた。親子上場の利益相反問題など、課題は依然として残っている」

　当時の日本取引所グループ清田瞭CEOはこう述べている。「米国のロングオンリーのような大手機関投資家は時価総額が1,000億円を下回るような企

図表1－9　東証改革は当初「世界に通用するグローバル企業をプライムとする」
　　　　　計画だったが骨抜きとの批判も

上場社数比較：新旧対照、ならびに市場の意見と当初東証案（「妥協案」）

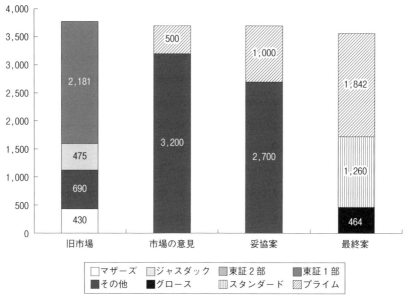

出典：JPX、週刊東洋経済2022年4月9日号「意味あった？東証市場改革「完全骨抜き」の全内幕」、ならびにQuestHubによる機関投資家インタビューより作成。

業の株式は基本的に買えない。運用額が巨額のなか、細かい銘柄を多数入れるとコストばかりが嵩むためだ。プライム市場は時価総額1,000億円以上のような企業を選別すべきだった。アジアのヘッジファンドであれば時価総額が200億円程度でも買えるだろうが、そのような投資家しか買えない企業が果たしてグローバルに通用する企業なのか」。多数の機関投資家からそのような声が聞かれる。

　こうした東証市場改革への批判・落胆を背に受けながら2021年4月に東証の新社長に就任した山道裕己氏は、すぐさま次の一手に着手した。それが、「資本コストや株価を意識した経営の実現に向けた対応」、いわゆる東証要請である。この要請のなかで、「特にPBRが1倍を割れている場合には、市況の悪化など一時的な影響によるものである場合を除き、十分な対応が求めら

れる旨を通知に明記」とあり、PBR 1 倍に関する記述が多かったことから「PBR 1 倍割れに関する東証の要請」として世に知られるようになった。

PBRは純資産に対する時価総額の比率であり、PBRが 1 倍を下回っているということは、資本コストを下回る期待リターンしか生み出せていないことを意味する。

PBR 1 倍未満企業の割合は、S&P500では構成企業の 3 ％にすぎないのに対し、TOPIXでは構成企業の40％以上を占めている。東証は上場企業に対して、「資本コストを上回る資本収益性を達成できているか、十分な市場評価を得られていない場合その要因についての分析」や「資本収益性と市場評価に関して、改善に向けた方針と計画の策定」「上場企業の資本コストや株価・時価総額への意識改革やリテラシーの向上」を要請している。

こうした要請と対応した時期が重なったことで、PBR 1 倍の象徴的存在となったのが大日本印刷（DNP）だ。同社は大量のリクルートホールディングス株をはじめとする政策保有株式や市ヶ谷の広大な土地など非事業用資産を多く持っていたことから資本収益性が低く、長らくPBRは 1 倍を割っていた。そこに「世界最恐」といわれるアクティビストファンドのエリオット・マネジメントが発行済み総数の 5 ％を超える大量保有寸前まで株式を保有したこともあり、同社は政策保有株式の売却を原資とする株主還元の大幅な拡大を2023年 4 月に発表し、株価は大きく反応。PBRは約 1 倍に達した。

もっとも、単に保有している資産を売って自己株買いをすることはスタート地点に立ったにすぎないともいえる。同社が中期経営計画で謳っている大規模な成長投資の真価が問われるのはこれからだ。東証は「PBR 1 倍」というスローガンを、ある種広く耳目を集める話題にすることに成功したといえるが、「ではとりあえず自己株買いをしてB/Sを縮小すればいいのか」という誤解を企業に対して与えた恐れもある。実際にその後、多くのPBR 1 倍割れ企業が大規模な自己株買いを発表した。当然のことながら、自己株買いをしても中長期的な企業価値が上がるわけではない。東証としても本意で求めていたのは各企業が資本コストを意識した経営を行い、還元と成長投資の最適なバランスを実現することであるはずだ。

第 1 章　企業支配権市場の成立と変遷　27

この要請は、間接的ながら企業支配権市場にもたらした影響は大きいと考えている。従来は「株価は市場が決めるものであって、経営者の責任ではない」という考え方が根強く、株価低迷を経営陣交代の理由にすることは過激なアクティビストの論理として受け止められることが多かった。しかし、「資本コストを意識した経営」が「PBR 1 倍割れ」と変換されて認知されたことが、結果として「低い株価を放置している経営者は問題である」という考え方が説得力を持つことにつながった。つまり、「問題のある経営者はよりよい経営者に交代されるべきだ」という発想はいまや過激なアクティビストではなくても容易にたどり着く帰結となった。

「同意なき買収」を促す指針の整備

　こうした東証の動きと時を同じくして、経済産業省は2023年 8 月31日、「企業買収における行動指針」を公表した。本指針は、買収によって上場企業の支配権を取得する当事者の行動の在り方を中心に、M&Aに関する公正なルール形成に向けて経済社会において共有されるべき原則論及びベストプラクティスを提示するものだ。本指針のなかでは、上場企業の支配権を取得する買収において尊重されるべき 3 原則が示された（**図表 1 － 10**）。

　本指針はあくまでもソフトローという位置付けであるものの、過去の経済産業省の「公正なM&Aの在り方に関する指針」等で示された原則論やベストプラクティスは、実務や司法判断に大きな影響を与えている。本指針に関しても判例法等に取り込まれることで、今後のM&Aにおけるハードローの一部を構成していく可能性がある。また前述の東証の要請に加え、上場企業の同意なき買収や、買収提案を契機に対抗提案が出される事例が増加傾向にある状況下において、本指針の内容がソフトローとして現在の法制度・判例法理等を補完し、公正なM&A市場の確立に寄与することが期待される。

　加えて、本指針には「支配権が移転する買収取引において市場機能が健全に発揮され、企業価値の向上と株主利益の確保の双方に資する買収が活発に

図表1−10　上場企業の支配権を取得する買収において尊重されるべき3原則

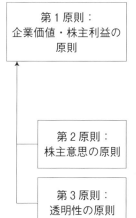

第2原則と第3原則は、第1原則を実現する前提となるもの

出典：[Webマール]（2023年9月26日）経済産業省「企業買収における行動指針」の策定〜企業価値の向上と株主利益の確保の双方に資する買収の実現による「価値創造経営」の促進よりQuestHub作成。

行われるようになることは、M&Aによるリソース分配の最適化や業界再編、資本市場における健全な新陳代謝が進むことが期待される我が国の経済社会にとって、目指すべき姿といえる」（指針第6章）との記述がある。このことからも、我が国の企業支配権市場が健全に機能する、すなわち上場企業の支配権が市場原理のもとで適切に売買され、企業がベストオーナーやそれに近い主体のもとで運営されることにより、資産や人的資本が効率的に活用され、ひいては日本経済の長期的な発展に資することが目指されていると思われる。

　買い手側は、自社が支配権を獲得することで企業価値を向上させることができる上場企業を探索し、実際に対象企業の経営陣に支配権の取得を働きかける際には、本指針を尊重することが求められる。本指針に則ったプロセスは正当性を獲得しやすく、仮に同意なき買収に発展した場合においても、対象企業の株主の賛同を得られやすくなり、結果的に買収成立に近づく可能性

が高い。逆にいえば、上場企業は、企業価値の向上と株主利益の確保の双方に資する「望ましい買収」であるならば、本指針の原則のもとで（時には同意なき買収であっても）躊躇なく検討・実行していくことが株主に対する責務を果たすことにつながるといえよう。

　一方で、買収提案を受けた企業の担当者や経営陣は、本指針の行動規範に則り、適切な対応を行っていくことが求められる。本指針は前述のようにハードローの一部を構成していく可能性もあり、それを無視した行動にはリーガルリスクが相応に存在する。また、本指針とはかけ離れた行動によってレピュテーションを毀損したり、株主からの信任を失ったりした場合には、プロキシーファイト（委任状争奪戦）に発展した際に現経営体制が不利な立場となる可能性も高い。

ニデック／TAKISAWAが示した 同意なき買収の未来像

　本指針の実質的な「第1号案件」となったのは、2023年7月のニデックによる工作機械メーカーTAKISAWAへの買収提案だ。本件は厳密には指針公表前に始まったものだが、当時の指針案に沿うかたちで行われた。提案はTAKISAWA経営陣の同意を得たものではなかったが、TOBに上限はなく、そのうえ公開買付価格は2,600円と同社の過去数カ月間の株価に対して100%以上のプレミアムを付すなど、少数株主にとって有利な条件であったこともあり、最終的に同社は買収を受け入れた。

　ニデックは日本電産時代の2008年にも鉄道用車両部品を手がける東洋電機製造に対して、同意なき買収提案を行っている。TAKISAWAへの提案と同様に、TOBに上限はなく、買付価格も公表前の株価に対し2倍程度であったが、こちらは日本電産が買収を断念し失敗に終わった。ニデックにとっては15年越しの「リベンジ」となったTAKISAWA買収だが、本指針の存在が明暗を分けた要因の1つとなった。

東洋電機製造のケースでは、事前に導入していた買収防衛策に基づき、日本電産との間で3カ月にわたり質問状のやり取りを繰り広げ（なかには「新入社員はトイレ掃除を素手でするのか」といった質問もあった）、同社が買収提案自体の評価・検討に入ったのは、提案の有効期限の失効により日本電産が買収を断念した当日のことであった。これに対し、TAKISAWAも同様に買収防衛策を導入していたものの、本指針が買収防衛策について「時間・情報・交渉機会の確保を理由として、買収者に対して延々と情報提供を求めることを可能とするような設計や運用を行うことや、買収提案の検討期間をいたずらに引き延ばす等の恣意的な運用は許容されるべきではない」（指針別紙3（注））と律するように、提案の検討に後ろ向きの姿勢をみせることは資本市場においてもはや許されなくなった。また、TAKISAWA自身も、ニデックによる提案を「具体性・目的の正当性・実現可能性の認められる真摯な買収提案」として、当初より社外取締役が中心となって真摯な検討を行い、最終的な買収提案への賛同につながった。

(注)　本指針と同様の表現は2008年の企業価値研究会報告書にも存在する。

　いうまでもなく、本指針は買い手であるニデックに対して大きな追い風となった。ニデックの永守重信会長が2023年度決算説明会で「今回は経産省の指針どおりにやっている」と強調したように、TAKISAWA買収に向けたプロセス設計は、本指針の求める手続きに準拠したものだった。たとえば、TOB後の保有割合が3分の2に満たない場合であっても最終的にスクイーズアウトが可能な水準までTAKISAWA株式を追加取得する旨や、TOB応募株式数が下限に達した場合、TOB期間を延長する旨を事前に公表するなど、いわゆる強圧性を排除・軽減する措置を講じている。

　本指針策定の背景にある社会的風潮の変化も無視できない。日本電産時代のニデックが東洋電機製造に買収提案を行った2008年当時、ニッポン放送事件やスティール・パートナーズによる敵対的TOBなどが記憶に新しく、同意なき買収提案はすなわち「乗っ取り」であるとの印象が根強く残っていた。また、東洋電機製造の労働組合も買収提案に反対の意向を表明していた。

　これに対し、今回のTAKISAWAへの買収提案については「マスコミも非

常に好意的に報道」(2023年度決算説明会での永守氏発言)した。TAKISAWAの株価も提案公表直後からTOB価格にサヤ寄せして推移し、市場も当初からTOB成立を織り込んでいた。

　今回の買収は、両当事者が本指針の示すベストプラクティスに則り行動した結果、望ましい買収が成立したという点でエポックメーキングな事例といえる。また、15年の時を経て「売り手」「買い手」「社会」、それぞれの行動や価値観が時代の要請にあわせてアップデートされたことを象徴しているほか、今後、我が国において健全な買収が活発化することを予感させる事例でもあった。では、TAKISAWAは買収されないためにはどうすればよかったのだろうか。

　ニデックは投資ファンドではないので、TAKISAWAの豊富な現預金に目をつけたわけではなく、事業そのものを欲したと考えられる。そのため、自己株買い等を通じてPBRを一定以上に向上させていても買収提案は行われていた可能性が高い。

　他方で、キャッシュを使う、あるいはPBRを上げたうえでTAKISAWAが株式対価のM&Aなども活用し、業界の同業他社を買収する側に回ることができていれば、ニデックとしても買収のハードルが上がっていた可能性はある。または、ニデックからの買収提案を想定して、数年前よりいざというときの別の合従連衡先を探索し、具体的な話を進めていくことが有効であったと考えられる。

　いずれにしても、「買う側」「買われる側」のいずれかのM&Aなしにやり過ごすことはできなかっただろう。こうした業界再編M&Aを通じて企業価値を向上させることがベストな「買収防衛策」となりうる時代が来ると筆者は考える。

　このように日本において企業支配権市場が成立する素地が整い、その先駆けとなるディールが起きたことで問題点・改善点もクリアになりつつある**(図表1−11、1−12)**。

　次章ではいよいよ、こうした状況をさらに加速させうる存在であるアクティビストについて掘り下げていく。

図表1−11 「企業買収における行動指針」やアクティビストファンドの量・質の拡大により、割安企業が次々と買収される「企業支配権市場」が立ち上がりつつある

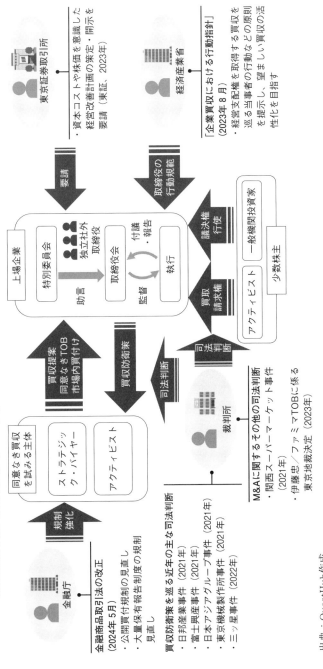

出典：QuestHub作成。

第1章　企業支配権市場の成立と変遷　33

図表1-12 株主ガバナンスが強まっているなかで、アクティビストファンドの量・質の拡大や同意なき買収の増加により、割安企業が次々と買収される「企業支配権市場」が立ち上がりつつある

上場企業が直面する株式市場での脅威	「企業支配権市場」の立ち上がり：株式市場＝企業支配権市場。上場企業の経営者は株主の期待に応え続けることを責務とし、結果を出せなければ解任されるか買収される。一方で力と勢いのある成長企業は、割安企業を遠慮なく買収する世の中に ❶なれ合いのガバナンスから**機関投資家・株主の論理によるガバナンスへの転換** ：株主の信任を得られえない経営陣は解任 ❷株主の論理を象徴する存在である**アクティビストファンドの勃興** ：企業価値向上にコミットし株主利益を増大できない経営陣は解任 ❸買収提案受領における取締役の責任明確化 ：事業会社・アクティビストによる「同意なき買収」や「望まない主要株主による売却」の増加が見込まれる
必要な対応策	「経営計画」の策定・対話：支配権への脅威から守るために、企業価値向上につながる経営計画とそれをもとにした投資家との対話により、株主からの信任を獲得する必要
ガイドライン	「経営計画」の策定・対話の具体的なガイドラインとして、東証から要請があった「**資本コストや株価を意識した経営の実現**」と「**株主との対話の推進と開示**」がある

出典：FACTA『「企業支配権市場」の猛威／QuestHub CEO・大熊将八』、QuestHub作成。

第 2 章

アクティビストの全貌

アクティビストの定義と
日本市場における増加の背景

　アクティビストファンドとは、一般的に「「株主提案」や「株主代表訴訟」など株主権の積極的な行使を後ろ盾として、上場企業の取締役会に対し株主の享受する価値の向上を働きかける存在」と定義される。

　アクティビストの歴史を紐解くと、世界最古の株式会社であるオランダの東インド会社の株主であったアイザック・ルメールが同社の配当金支払いを求めたことが恐らく最初の株主アクティビズムであるとされる。ルメールは同社への嘆願書に「どんな事情があろうと、会社の経営陣が、他人の金を長く保持したり、預けた人の希望とは異なる方法でその金を使ったりすることは擁護できない。それはある種の専制だからだ」と記している。日本においては、1900年代にビール業界、製糖業界、紡績企業の株式を買い占めて他社との統合を要求した鈴木久五郎がアクティビストの先駆けといえる。

　すでに日本市場において一定程度のウェイトを持つアクティビストの保有資産は、公開情報ベースで把握できる限り近年大きく増加し、合計額は4兆円を超える（**図表2-1**）。

　ドライパウダー（未投資資金）や大量保有報告書などに出てこない保有株式を踏まえると、それ以上の資金を運用していると考えられる。

　また、東芝の株式は一時、日本における著名アクティビスト5社（エフィッシモ・キャピタル・マネジメント（エフィッシモ）、3D、ファラロン・キャピタル・マネジメント（ファラロン）、エリオット・マネジメント（エリオット）、オアシス）だけで少なくとも議決権の25％程度を保有していた。1株4,620円、総額約2兆円での非公開化が実現したことで、これらのアクティビストが保有する5,000億円以上もの東芝株が現金化された。

　アクティビストファンドへの資金流入の背景について、中東系アセットオーナーから資金を預かるファンドオブファンズの運用担当者は次のように語る。「グローバルでみて、いま安心してまとまった投資をできる先は日本

図表2-1 日本に投資をするアクティビストのAUMは増加している。公開されているポジションだけでも、アクティビストのAUMは足元で4兆円を超え、投資先企業数も延べ300社程度に増加した

アクティビスト（注）による日本企業に対する投資ポジションの合計（下）および投資先企業数の推移（上）

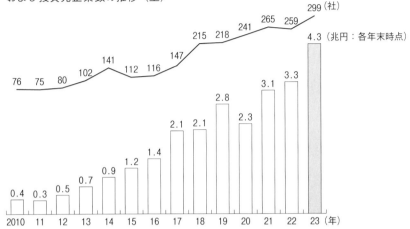

注：近年日本において活動実績があり、報道等で「アクティビスト」・「物言う株主」と称されている、または自らを「アクティビスト」と称している23者について、FactSetを用いて日本企業への投資ポジションを集計している。投資先企業数は、複数のアクティビストによる同一企業に対するものも延べ数でカウントしている。
出典：FactSetよりQuestHub作成。

株ぐらいだ。アメリカはインフレに苦しんでいて中国の地政学リスクも厳しい。そうしたなか、PBRでみて異常に割安な日本とその割安さを解消させようというアクティビストファンドへの投資は、グローバルな投資委員会でも非常にウケがよいのでアロケーションを得やすい。日本株がアジアにおける中国株の代替になりつつあるともいえるだろう」

あるアクティビストファンドの運用者も次のように述べている。「バフェット氏による日本株への強気な見方、近年の日本株の大幅な上昇などを背景に、様々なアセットオーナーからの問い合わせが足元で急増した。日本株を専門とするアクティビストファンドは数が限られているので今後もこの傾向は続くであろう」

オマハの賢人と呼ばれ世界最大の投資ファンドであるバークシャー・ハサ

ウェイの創業者ウォーレン・バフェット氏は日本の5大商社全ての株式を大量保有し、その保有比率を引き上げている。バフェット氏は割安な企業に投資し企業価値が複利で増大していくことを期待するバリュー投資家である。積極的に議決権行使を行って経営陣をクビにすることはなく、クビにする必要がない経営陣を選んで投資し信じて任せるという投資スタイルをとっていることから「アクティビストではない」といえるが、アクティビストは割安企業に目をつけその割安さを解消させようと働きかけている点ではバリュー投資家である。これまで割安株が放置されてきた日本は「バリュー株天国」であり、その割安さの解消が期待されているのだ。

企業支配権市場において
アクティビストはどのような存在なのか

アクティビストは、企業支配権の獲得及びその後の経営支配そのものを目的として投資する主体と、あくまで絶対的リターンを追求する投資家の2パターンに大きく分類可能である。

前者として多いのが、いわゆる①「仕手筋ウルフパック」。これは複数の主体が実質的に示し合わせて数パーセントずつ、合計で30〜40%の株式を市場内で買い上げたうえでプロキシーファイトを仕掛け、経営陣の総入れ替えを図るという投資集団のことを指す。後者は原則的にファンドとして外部資金を集め、スチュワードシップ・コードの受け入れを表明しているケースが多い。また後者は、②「企業支配権介入型」と、③「非支配権介入型」に分けることができる（**図表2−2**）。

③非支配権介入型アクティビストの特徴としては、投資先への株式の保有比率は数パーセント程度にとどまることが多く、株主構成が盤石で、解任議案や同意なき買収が成立しえない会社に対しても投資を行い、一定のリターンが上がれば市場内でエグジットしていくことがあげられる。経営陣をクビにするか買収するという究極的なプレッシャーはかけられないなかで、株主

図表2−2 アクティビストは「仕手筋ウルフパック」「企業支配権介入型」「非支配権介入型」に分類可能

適切な対応方針

❶仕手筋ウルフパック
－概要：時価総額数億～数十億円の企業の株式を（複数の主体で）30～40％程度買い上がり、経営支配権を奪取
－対応：プロキシーファイト、買収防衛策の導入

❷企業支配権介入型アクティビスト
－概要：議決権の数パーセント～20％＋を保有し、取締役の選解任や非公開化を含めた戦略的選択肢の検討の要求など、**対象企業の支配権そのものに影響を及ぼすことを目的とした提案を行う**
－対応：戦略委員会などを通じて**全社的な経営課題に対して包括的な検討を行いつつ、潜在的買収者の探索など平時とは異なる対応が求められる**

❸非支配権介入型アクティビスト
－概要：投資先に対してはバランスシートに関する要求がメインで、株主還元などを通じた中長期的なリターンを狙う。取締役選解任など企業支配権そのものに影響を与える提案はまれ
－対応：**株主との対話をベースとした中期経営計画の策定**など

出典：QuestHub作成。

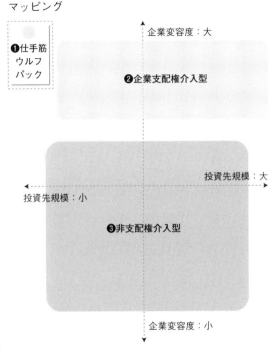

としての要求を行い、リターンを上げるスタイルだ。経営陣にとってはクビにされるリスクが低くとも、耳の痛い正論を投げかけられれば一定の株主還元強化をするなどの見返りがあるだろう、と期待しているケースが多い。1社1社に対してのエンゲージメントの手間がそこまでかからないため、類似の提案を数多くの投資先に「コピペ」のように提出して分散投資を行うことも可能だ。経営陣と友好的な関係を構築し、継続して対話を行う「エンゲージメントファンド」も、友好的か敵対的の違いは大きいものの「非支配権介

第2章　アクティビストの全貌　39

入型」に含まれる。

　これに対し、②企業支配権介入型のアクティビストは、数パーセント〜数十パーセントの株式を市場内で買い付け、対象企業の役員の選解任や非公開化を含めた戦略的選択肢の検討の提案など、対象企業の支配権そのものに影響を及ぼすことを目的とした提案を行う。同時に、「1社ごとの投資対象に投資家／運用者としての職業人生」をかけて提案を行うことから、ホワイトペーパーの作成やプロキシーファイトを含むキャンペーン、株主代表訴訟などの大規模かつ手間暇のかかるエンゲージメントに発展することも多い。世間一般、メディアを騒がせるような企業支配権市場における主要なアクティビストはここに分類される。

　提案を受けた会社側は、他の株主に対して、自らの経営方針や経営改革に正当性があり中長期的な企業価値向上に資することを、経営計画の策定や後述する委員会の設置などを通じて示す「対抗措置」が必要となる。なお、企業支配権介入型のアクティビストも純投資目的で保有を行うことがあったり、非支配権型のアクティビストも特定投資先との関係性が悪化することにより支配権介入型に転じたりすることがある。会社としては、特に非支配権介入型のアクティビストが支配権介入型に転じることが起きないよう適切な対応が求められる。

■ 支配権介入型アクティビストの投資スタイル

　企業支配権介入型アクティビストの投資行動の特徴は、大きく「支配権プレミアム重視か／株主総利回り（Total Shareholder's Return：TSR）重視か」と、「株主還元重視か／事業ポートフォリオの変更重視か」の2×2の4類型で分類することができる（**図表2−3**）。

　「支配権プレミアムを重視する投資」とは、前章で述べたように、支配株主による公開買付けやMBO、身売りなどによる非公開化に伴いプレミアム付きで上場企業の支配権が移転する際に、保有株式を売却してリターンをあげる投資手法だ。対して「TSRを重視する投資」とは、支配権プレミアムの獲得ありきではなく、あくまで株価の向上及び配当による収益の最大化を志

図表2-3　支配権介入型アクティビストのなかでもリターンの源泉の種類は大きく異なる

エグジット方針

- **支配権プレミアム重視**
  - 現経営陣の解任and/or業界再編を目論む潜在的買収者やPEファンドの買収によるエグジットで「支配権プレミアム」を享受
- **TSR重視**
  - 非公開化によるエグジットを主たる目的とせずインカム・キャピタルゲイン最大化を両にらみ
- **株主還元**
  - 短期的なIRRの最大化を目的とし、自社株買い・増配を根底の目的とする
- **事業ポートフォリオ**
  - 低ROIC・本業と関わりが薄い事業の切り離し（売却、スピンオフ等）を要求しROICの最大化を図る

マッピング

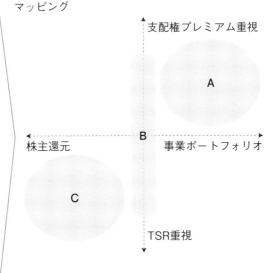

出典：QuestHub作成。

向する投資手法である。前者はワンタイムのリターンが発生し、後者は長期間にわたるリターンの追求が可能である。

　もう1つの軸における「株主還元を重視する投資」は、投資先企業の自己株買い・増配を通じたリターン獲得を重視する。「事業ポートフォリオの変更を重視する投資」は、低ROIC（投下資本利益率）の事業や本業と関わりが薄い事業を切り離し、本業に集中投資することで投資先企業のROICの最大化を図る投資手法だ。

　これら4つの投資手法のうち、「支配権プレミアム重視型」はワンタイムでのリターンを求めることから、急速な株式の買い増しや公開キャンペーンによって世間や他の株主への賛同を呼び掛け、イベントを引き起こそうとする。そのため、しばしば投資対象企業のコーポレートガバナンス上の問題を追及し、支配権に揺さぶりをかける。株主構成上、創業家や持ち合いなどの「与党株主」が過半に達しない、あるいは明確な敵対株主がいるなど株主構

成上の脆弱性に目をつけることも多い。こうした「支配権プレミアム重視型」のアクティビストが呼び水となり、企業側が親子上場の解消などガバナンス上において好ましい変化をスピーディに起こし、少数株主の享受する価値を最大化し個人投資家や機関投資家からの支持を得ることもある。

　ただし、立ち上がったばかりの新興アクティビストが「実績づくり」のために激しい短期決戦を仕掛けてくるケースも多い。こういったアクティビストの場合、企業との対話が不十分なままに非公開化の提案をしたり、それに応じない場合には取締役解任を求める提案を行ったりすることがあり、企業側が友好的な対話に努めようとしても折り合えない場合がある。

　支配権介入型アクティビストの投資行動は、大きく4つのフェーズで進展

図表2－4　支配権介入型アクティビストの投資先へのエンゲージメントは4

Phase 1	Phase 2
・**保有比率**：〜5％ ・**エンゲージメント手法**：友好的にIR部長、CFO（場合によってはCEO）と面談を行い活動実績を構築 ・**PR**：（水面下で）企業価値向上ホワイトペーパー作成、PR活動始動、キャンペーンサイト開設 ・**エグジット手法**：5〜10％を市場内で買付け。経営陣が変革の兆しをみせ、株価市場が適切に反応した場合、市場内で順次売却	・**保有比率**：5〜20％ ・**エンゲージメント手法**：アクティビズム活動本格化。臨時株主総会で取締役解任、外部取締役送り込み、プレミアム付きの自社株買いを提案 ・**PR**：キャンペーンサイトを通じて、株主提案等の訴えを継続 ・**エグジット手法**： －プレミアム付きの自社株買い －オークション（MBO） ❶会社に友好的／敵対的問わず、ファンドの持ち分を買いうる相手を探す ❷経営陣がホワイトナイト探しをファンドとともに友好的に行う －（株価が大きく向上した後に）市場内売却

出典：QuestHub作成。

する（**図表 2 - 4**）。

　まずは 5 ％未満の株式を保有して水面下で経営陣に要求を行う。（フェーズ 1 ）その後、株価向上が十分でなければ、買い増しを行ったり公開キャンペーンに進展したりしてさらなる揺さぶりをかけるフェーズ 2 に移行する。この段階に至っては市場内での短期的な売却が難しいため、プランＡとして非公開化を、プランＢとして大規模な株主還元によるエグジットを志向する。フェーズ 3 以降はTOBを伴うことが大半で、経営陣を入れ替えたうえで自ら売り先を探すこととなる。

　フェーズ 2 の段階で売却を志向するアクティビストが、PEファンドや事業会社などに買収提案を行うケースも出てきている。フェーズ 2 において

フェーズで進展

一部Phase 3 をスキップして 4 へ

Phase 3	Phase 4

・**保有比率**：最大40％（TOBにより取得）。議決権行使次第では、実質的に支配権を獲得可能
・**エンゲージメント手法**：経営陣に対し、最大のプレッシャーをかける。臨時株主総会で現経営陣の解任・入れ替え、大規模な自社株買いを要求
・**エグジット手法**：
－（事前合意のうえ）自社株買い
－現経営陣にホワイトナイト探しを要求（次の定時株主総会まで）し、第三者に売却
－実現されない場合、経営陣を交代し、オークションへ
－同時に自社でも買収候補者を探索

・**保有比率**：100％（TOBによる取得）
・**シナリオ分岐**：
－Phase 2 ：TOBにより100％買収
－Phase 3 ：経営陣を交代させたうえで100％買収（新経営陣となるためファンドは友好的買収者となる）
・**エグジット手法**：
－買収後すぐオークションを開催（PEファンドが興味を示す想定）
－事業改善を行い数年後に第三者へ売却・再上場

第 2 章　アクティビストの全貌　43

は、仮に企業側の努力で抜本的な事業ポートフォリオ改革がなされて株価が大きく向上したとしても、なお市場内での売却が困難なため、アクティビスト側は非公開化・身売りにまで投資先企業を持って行きたいと考えるインセンティブが働く。企業側の対応としてはフェーズ1でとどめることが重要といえる。

　一方、「TSR重視型」のアクティビストのなかには、長期にわたって株価向上と配当金収入があればよいと考え、流動性リスクをとってでも大量保有をして穏健なエンゲージメントを継続する主体も存在する。ただし、企業に長期的な経営改善がみられない、あるいは決定的なガバナンスイシューが生じるなどして株主からの信任を失った場合には、「支配権プレミアム重視型」に転ずることもある。逆に、もともと短期決戦での支配権プレミアムを志向していたファンドの運用期間が長くなるにつれて穏健化して長期投資・「TSR重視型」に切り替わることもある。

　このようにアクティビストの投資戦略によって企業がとるべき対応はまったく変わってくる。そのため、「この株主はなぜ我が社の株式を保有し、どうすれば敵対的な投資仮説に転じないか」の見極めが企業にとっては肝要である。

　以下では、アクティビストの特徴・行動や企業側がとるべき対応について、さらに仔細にみていきたい。

アクティビストによる株主提案の類型

　株主提案を受けた企業の数は年々増加傾向であったものの、2022年6月シーズン（2021年7月～2022年6月）はそのペースが大きく高まり、前年比31社増の96社となった。2023年6月シーズン（2022年7月～2023年6月）はさらに17社増加し113社となっている。

　同一アクティビストが複数社に対し、まったく同じ内容の株主提案を行う事例も増加している。アクティビストによる株主提案のみならず、ESG関連

44

の株主提案も少数ながら増加傾向にある。

2019〜23年において行われたキャンペーンにおけるアクティビストの要求内容をみると、株主還元強化の要求が278キャンペーン中81キャンペーンで行われており、引き続きアクティビストが指摘するテーマの中心といえる（**図表2－5**）。

ただし、増加幅でみれば、取締役解任に関する要求が7倍、事業運営の改善が39倍、戦略的選択肢の検討が4倍に増えており、還元重視よりも事業ポートフォリオ重視、支配権介入型の要求が明らかに増えているといえる。

さらに近年は、複数のテーマを企業に要求する事例が増えている。また、同一の企業に対して複数のアクティビストが買付けを行い、キャンペーンを実施する事例も増えている。複数アクティビストからのプレッシャーを同時並行的に受けると、実質的に入札での非公開化以外の選択肢がないほど追い詰められてしまうケースもある。

戦略的検討の見直しに関して、アクティビストが自ら企業支配権を取得することなく実質的に非公開化を迫るための手法として、いわゆるSRC（Strategic Review Committee＝戦略委員会）が存在する。日本においては、東芝において設置されたものが記憶に新しい。SRCは米国において以前から用いられており、事業売却や非公開化等の全社的な戦略の見直しを目的として、社外取締役を中心に構成される。SRCは実質的に、適切な株主構成の探索、特に非公開化に関する検討に特化している存在である。もっとも、米国では頻繁にアクティビストが戦略の見直しを企業に要求するが、SRCが開かれるのはまれである。SRCが開かれた事例として、ここでは米ヤフーの事例を紹介する。

米ヤフーは、2008年よりアクティビストから断続的にキャンペーンを受けていた。2008年にマイクロソフトによる敵対的買収を拒否したことで、アクティビストのカール・アイカーン氏より自身を含む10名の推薦する役員の選任を求められ、アイカーン氏を含む3名が選任された。また、2011年にアクティビストのサードポイントより、推薦する取締役4名の選任を求められ、委任状争奪戦になった。その過程で経歴詐称の指摘を受けたCEOが退任。

第2章　アクティビストの全貌　45

図表2-5　増加しているアクティビストからの要求

要求テーマ		2014〜18年合計	19〜23年合計	増加幅が4倍以上のテーマ
要求テーマ	株主還元強化	31件	81件	2.6x
	事業売却・撤退	16件	61件	3.8x
	事業運営の改善	1件	39件	39.0x
	報酬関連	6件	35件	5.8x
	取締役選任	9件	27件	3.0x
	取締役解任	3件	21件	7.0x
	非公開化等の戦略的選択肢の検討	5件	20件	4.0x
総キャンペーン数		48件	278件	5.8x

出典：FactSetよりQuestHub作成。

結果的に、10％以上保有していたキャピタルがサードポイントの支持に回り、4名とも選任された。さらに、2014年よりアクティビストのスターボードバリューより、IPOしたアリババ株を売却し得た利益で競合の買収を行うこと等の提案を受ける。

　アクティビストから様々な要求を受けるなか、米ヤフーの取締役会は2016年2月19日、独立取締役で構成されるSRCを設置して「戦略的代替案」の検討を始めた。SRCでのトピックは、不振にあえぐ中核のインターネット関連事業と価値の上がったアジア資産をどのように分離させるかである。また非公開化を見据えて、AT&T、コムキャスト、ヴォルフガングを含む事業会社やベインキャピタル（ベイン）、KKR、TPGを含むPEファンドと接触を図った。

　SRC設置後の2016年3月にも、スターボードバリューより、役員全員のすり替えを狙った9名の推薦する役員の選任を求められたが、スターボードバリューの創業者を取締役に加え、またSRCのメンバーとすることで和解し

た。結果的に、2017年6月に米大手電気通信事業者のベライゾンに中核事業を売却し、売却完了とともにCEOは退任した。

残りの部門は、保有しているアジア資産を管理するアルタバとなる。アルタバも資産を段階的に売却して、企業体として2019年に解散した。

アクティビストはTOBを仕掛ける主体にも、阻止する主体にもなりうる

経済産業省は2023年8月に「企業買収における行動指針」を定め、同意なき（敵対的）買収であっても企業価値の向上に資する「真摯な買収提案」であれば、経営陣は合理的な理由なく防衛策を発動して買収提案を拒むことはできないとする方針を示した。本指針には、多くのアクティビストがパブリックコンサルテーションに対して意見を寄せるなど高い関心を有しており、今後、彼らのエンゲージメント面で強力な武器の1つになることが予想される。アクティビストの主要な投資リターンの1つが支配権プレミアムの享受であり、その実現に向けてアクティビストが株主として投資先企業へのエンゲージメントに動くことはこれまで述べてきたとおりである。

アクティビストは時にTOBを通じた株式保有比率の引き上げや、TOBをトリガーとしてホワイトナイトを誘発し非公開化の際に売り抜けるイベントを引き起こそうとする。最近まで「敵対的買収」と呼ばれた「同意なき買収」のTOBは2019年頃から実施件数、成功件数ともに急速に増加している。同意なきTOBの実施は、単なる「脅し」ではなく企業支配権に対する実質的な「脅威」になっている状況である。

同意なきTOBの類型別の成立率をみると、「部分買付け」の場合と「買付開始時点で20％以上を保有」していた場合は、TOBが成立する割合が高い。買付開始時に保有比率が高かった事例には、前田総合インフラ（前田建設工業の完全子会社）による前田道路の同意なきTOBのように買付者が事業会社のケースが多いものの、日本アジアグループに同意なきTOBを行ったシ

第2章　アクティビストの全貌　47

ティインデックスイレブンス（村上世彰氏が影響力を及ぼす投資会社）のように買付者がアクティビストの事例もある。

アクティビストによる同意なきTOBは、2018年以前はほほみられなかったが、2019年以降に急増している。このような状況のなかで起きたシティインデックスイレブンスによる日本アジアグループへの同意なきTOBは、①アクティビストによるTOBが成立した点、②買収防衛策が差し止められた点、③全部買付けを目指し成立した点、④アクティビストがPEファンドによるMBOに介入して阻止した点から、エポックメーキングな事案といえる。

アクティビストによるTOBの理由は、大きく「純投資」「売り抜け」「支配」の3つに分けることができるが、明確に区分が可能なわけではなく、複数の狙いがある場合が多い。

まず、保有比率の増加を狙った純投資の場合、明らかに割安な企業に対する保有比率の急増を企図するケースが多い。流動性が限定的な場合はTOB、そうでない場合は大規模な市場買付けが一般的だ。その際、基本的には増配、自己株買い、非公開化などを見据えてプレッシャーを強めていく。

次に、コーポレートアクションの誘発（売り抜け）の場合、概ね10～20％以上を目標取得比率として株式の保有に動く。親子上場といったガバナンス上の課題を抱えているような企業の株式を保有し、ホワイトナイトを誘発することで保有株式の売り抜けを図る。売り抜けを狙うため、親子上場企業など買い手を事前にある程度予見できる企業が狙われやすい。

最後に、企業支配権を狙ったTOBでは、非公開化あるいは上場を維持した状態で会社の議決権の過半を取得し、支配権の獲得を目指す。同意なきTOBの場合は事前に十分なデューデリジェンスを行うことができないケースがほとんどであり、財務諸表から把握できる現金、不動産、有価証券等の資産と比較して明らかに割安な企業を対象とするケースが大宗を占める。

TOBが実施されている際にはほとんどの場合ですでにプレミアムが支払われているため、最低でもそれと同額ないしそれ以上の価格で市場内買付けを行うことにはアクティビスト側にもリスクが存在する。アクティビストに

とってそれを上回るメリットになりうるのが、流動性の向上である。多くの上場企業は、平時において市場内で短期間に株式を大量保有するほどの流動性を有しておらず、市場内買付自体が実質的に難しい場合もある。それがTOBによって一気に流動性が向上するため、数営業日など極めて短期間で大量保有できる可能性が生じる。ブロックトレードにより早期に保有株の売却に動く株主も出てくる。

特に資金力・自由度が高いアクティビストであれば、単なる少数株主としてのキャンペーン活動や権利行使にとどまらず、①自ら買収提案を行う、あるいは②第三者に対し働きかけを行うことで、買収の検討プロセス自体に積極的な介入を試みることも想定される。

① 自ら買収提案を行うケース

まず、アクティビスト自身がファイナンシャル・スポンサーとなる（一部出資を含む）買収提案を行うことが想定される。たとえば、2024年7月には、映像制作などを手がける東北新社に対して、3Dが非公開化の提案を行ったことが明らかになった。これを受けて会社側は、3Dの提案について買収指針の想定する「真摯な買収提案」に該当する可能性があると認定し、独立社外取締役から構成される特別委員会で「真摯な検討」を行うことを公表した。

ただし、東北新社の事例のように、アクティビストからの買収提案が、直ちに「真摯な買収提案」に当たるとは限らない。多くのアクティビストファンドは一般的に、事業運営の十分な経験やノウハウなどを有しておらず、資金調達の手法もPEファンドなどと比較して限定されるとされているためだ（もっとも、第3章でみるように近年はアクティビストが上場企業の支配権を獲得し、企業価値を高める事例もみられるようになっている）。

また、買収提案自体が、投資先に自らのベストオーナーを探索させる契機となる可能性もあり、アクティビストとしては将来的なディールを誘発させる有力なエンゲージメント手法となりうる。

たとえば、アクティビストのニッポン・アクティブ・バリューファンド（NAVF）は、過去に投資先のサカイオーベックスやインテージホールディ

ングス、T&K TOKAに対し非公開化の提案や同意なきTOBを行っている
が、いずれの企業も、後にMBOや第三者によるTOBに至っている。

② **第三者に対し働きかけを行うケース**

　現時点で、アクティビストが自ら上場企業買収の主体になることができる
ケースは限定的である以上は、第三者（当該事業領域での再編の主導を目指
す事業会社やPEファンドなど）に対し、投資先へ買収提案を行うよう働き
かけるというのが、アクティビストが取りうる大きな戦略の1つとなる。

　アクティビストと同意なき買収を試みる事業会社が、ある種の協調関係を
結ぶことは古典的な手法であり、古くは2006年の村上ファンド事件において
も、フジテレビとの「資本のねじれ」状態にあったニッポン放送に対し、そ
の買収を企図したライブドアと保有株のエグジットを狙った村上ファンドが
攻勢をかけるという構図だった。また、2014年には、カナダの医薬企業の
ヴァリアントが、ビル・アックマン氏率いる米パーシング・スクエア・キャ
ピタル・マネジメントと協調し、しわ取り薬などを手がけるアラガンに対し
て同意なき買収を試みている。

　アクティビストの投資先企業を買収したい事業会社やPEファンドと、保
有株のエグジットを求めるアクティビストの利害は多くの局面で一致する。
そのような場面で、アクティビストは事業会社やPEファンドと（黙示的な）
協調関係を結ぶケースが増加すると考えられる。上場企業側からすれば「ア
クティビストと買収者の挟み撃ち」に直面することになるのである。この戦
略については、第3章で詳しくみていこう。

▌ アクティビストによるTOBへの介入

　アクティビストはリターンの最大化のため、バイアウトのプロセスと価格
に疑義があれば容赦なく妨害を行ってくる。とりわけ全株買付けのTOBに
おいて、自らの買付けによりTOBを不成立に追い込める余地があればなお
さらだ。大量保有によってTOB成立の阻止ないし価格を引き上げ、その後
のエンゲージメントにより株主還元や企業価値向上プランを引き出すことで
リターンの享受を狙うことがしばしば起きる。

また、TOBでは価格面やプロセスを客観的にみて不公正さを指摘する余地があることから、まったく無風の状態で経営されていた場合と比べて、アクティビストのキャンペーンに対して他の株主からの賛同を得られる可能性も高まる。ここでいうプロセスの不備とは、公正性担保措置の不備を指す。

　これはとりわけ、経営陣をスポンサーとするMBOや、入札を伴わない実質的な相対取引での買収において頻発する。

　特に、マーケットチェックの徹底という観点は、村上世彰氏が実質的に影響を及ぼす投資会社（ファンドではないが、本書ではわかりやすくするために「旧村上ファンド系」と記載）が最も重視する点といってよく、関与事例は枚挙に暇がない（**図表2－6**）。

　その関与事例で共通するのは、PBR1倍を下回る買収であったことと、自身の買付けによりTOBを不成立に追い込みうる株主構成であったことである。

　介入の手法としても、単に市場内買付けを行うだけではなく、広済堂ホールディングス及び日本アジアグループに関してはカウンター（対抗）TOBを行っている。このうち日本アジアグループのケースでは上限なしのTOBが成立し、旧村上ファンド系はその後、当初TOBを実施していたPEファンドのカーライルに同社の一部子会社を売却した。日本アジアグループのもともとのTOB価格はPBR0.5倍を下回っていたが、最終的に2倍以上の値段に引き上げられての非公開化となった。

　広済堂ホールディングスについても、PBR1倍未満でのTOBをベインが行ったところ、旧村上ファンド系が市場内で15％程度まで買い付けた後に対抗TOBを実施した。だが、こちらは不成立となり、その後ベインが手を引いた後、旧村上ファンド系はしばらく大株主として残ったが、最終的には麻生グループが旧村上ファンド系の株式を引き取ることでエグジットした。やや余談となるが、広済堂ホールディングスではその後に経営陣が入れ代わり、主要子会社の東京博善の企業価値が適切に株価に織り込まれるようなIRの改善や、同社の火葬場・斎場運営事業を中心とした事業ポートフォリオ再編など企業価値の向上施策に取り組み、その後株価は上場来高値を更新

第2章　アクティビストの全貌　51

図表2－6　旧村上ファンド系のTOB介入事例は枚挙に暇がない

旧村上ファンド系のTOBへの介入事例

ターゲット	保有割合（％）	アクション		エグジット
		概要	年	
東栄リファーライン	20	MBOに介入し不成立	2018	2回目のTOBに応募
広済堂HD	15	ベインキャピタルによるMBOに介入し、カウンターTOB	2019-2020	麻生に売却
島忠	10	DCMHDによるTOB期間中に大量保有	2020	ニトリHDによる非公開化
サカイオーベックス	10	MBOに介入し不成立	2021	2回目のTOBでは、非公開化後も少数株主として残存
日本アジアG	100	MBOに介入しカウンターTOB、非公開化	2021	
SBI新生銀行	10	SBIHDによる部分TOB期間中に大量保有	2021	SBIHDによるTOBに応募
SBI新生銀行	10	SBIHDによるTOB終了後に大量保有	2023	非公開化後に少数株主として残存
寺岡製作所	10	MBOに介入したが、TOBは成立	2023	
焼津水産化学工業	10	J-STARによるMBOに介入し不成立	2023	2回目のTOBでは、価格引き上げ後に売却
リョーサン	15	菱洋エレクトロとの経営統合（共同株式移転）に反対を表明	2023	
グローセル	15	マクニカHDによるTOB期間中に大量保有	2023-2024	TOB価格引き上げの末、市場内で売却

出典：公開情報よりQuestHub作成。

している。結果的に「企業支配権市場のプレッシャーを受けたことで生まれ変わった会社」となった。

　ほかに旧村上ファンド系の介入事例として特徴的なものに、サカイオーベックスのMBOが存在する。同社は大株主であったアクティビストの

NAVFと事前に応募契約を結びMBOを行ったが、買付価格がPBR 1倍を下回っていたためここでも旧村上ファンド系が介入し、1度はTOB不成立となった。その後、改めてTOB価格を引き上げたうえでMBOを実施し、最終的には成立した（旧村上ファンド系は非公開化後も少数株主として残存）。

　同様に、大株主であるアクティビストと事前の合意を行ったにもかかわらず事後的な妨害が起きた例として、片倉工業もあげられる。このケースではもともと、10％程度を保有していたオアシスと応募契約を結んでいた。だが、片倉工業が有する多額の不動産含み益を勘案すれば実質的に割安とみてか、TOB発表後に光通信創業者の重田康光氏の子息である重田光時氏が経営する鹿児島東インド会社が買付価格を約10％上回る価格で、オアシスの保有株式を全て譲り受けて片倉工業の筆頭株主となった。これを受けて同社の株価はTOB価格を上回って推移し、MBOは不成立となった。

　MBOではなく、事業会社によるTOBの場合においても介入事例は数多くある。旧村上ファンド系及びオアシスが株式を保有していた島忠を巡っては、同じくホームセンター事業を営むDCMホールディングス（DCM）がTOBを行ったが、その後に旧村上ファンド系が割安とみてか買い増しを行った。最終的にはニトリホールディングス（ニトリ）がDCMよりも高い金額を提示して対抗TOBを行い、成立した。

　SBIグループが2021年に部分TOBを実施した新生銀行（現SBI新生銀行）を巡っても、旧村上ファンド系が事後的に株式を買い増し、もともとの株主であったオアシスもTOB価格の引き上げが望ましいとの声明を発表した。結果的には、新生銀行がSBIに対する買収防衛策導入の議案を臨時株主総会直前に取り下げ、SBIによる買収提案を受け入れたため、TOB価格の変動はなくTOBが成立した。

　旧村上ファンド系がエグジットしても別のアクティビストが参入することもある。旧村上ファンド系が大量保有していたマリコン大手の東洋建設においては、20.19％を保有する筆頭株主のインフロニア・ホールディングス（前田建設工業を傘下に持つ持ち株会社）が完全子会社化を目的とするTOBの実施を2022年3月22日に発表。旧村上ファンド系が保有株の大半を市場内

で売却した後、3月31日に任天堂創業家の資産運用会社であるYFO（Yamauchi No.10 Family Office）が大量保有報告を公表。その後も市場内で買い増しを続け4月22日までに同社株式の27.19％を取得した。

YFOは東洋建設に対し、経営陣の賛同を得ることを前提にインフロニア・ホールディングスのTOB価格を上回る価格での買収を提案した（本件については第4章で詳述する）。

アクティビストによるTOBに対する事後的介入が行われた場合のその後のシナリオと対応策について示したものが**図表2-7**である。

アクティビストの参入などにより株価がTOB価格を上回って推移した場合、株主構成次第ではTOBが不成立に追い込まれる可能性がある。その場合、企業側は上場を維持するのか、改めてより高い価格での非公開化を受け入れる潜在的なスポンサーを探索するのかを決断するため、アクティビストと交渉する必要が生じる。前述のサカイオーベックスのパターンだ。

ここで上場を維持する場合には、アクティビストが大株主となる新たな株主構成のもとで、少数株主の支持を得られる新しい経営計画を策定し、アクティビストを含めた株主や投資家との継続的な対話・交渉を行う必要が生じる。アクティビストには、TOBプロセスの不備をガバナンスイシューとして追及したり、臨時株主総会の召集請求を行うことなどを通じ現経営陣の解任を要求したりする可能性も存在するため、企業側には極めて難度の高い舵取りが求められる。

なお、TOB期間中に価格の引き上げなどによりTOBが成立に至ったとしても、アクティビストはより高い価格での売却を狙い、株式買取請求権を行使してくる場合もある。その最たる例が、伊藤忠商事によるファミリーマート完全子会社化のTOBを巡るアクティビストの要求だ。

2020年7月、伊藤忠商事は上場子会社のファミリーマートをTOBにより完全子会社化することを発表した。コロナショックによる急落後の株価に対してプレミアムが支払われたが、1株2,300円というTOB価格がコロナ以前の株価を下回る水準であったことに加え、ファミリーマートの特別委員会が選定した第三者算定機関のDCF方式による算定価格の下限に満たない価格

図表2−7　TOBが不成立に終わった場合、経営計画のまき直しと株主・プロキシー対応、スポンサー探索など極めて難易度の高い対応が求められる

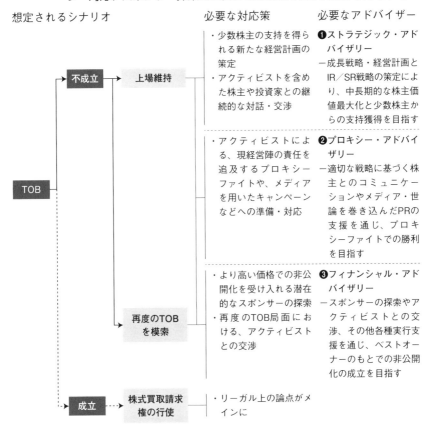

出典：QuestHub作成。

であったことから、オアシスは特別配当の実施を要求し、RMBキャピタルはTOB価格の引き上げを要求するなど複数のアクティビストによるキャンペーンを受けた。結果、TOBは成立したものの両ファンドは東京地裁に公正価格決定の申し立てを行い、同地裁はその後、特別委員会が十分な交渉を行っておらず、TOB価格が十分に公正なものであったとは言い難いとして、2,600円が公正な価格との判断を示した。

　SBI新生銀行を巡っては、2023年にSBIグループが非公開化のためのTOB

第2章　アクティビストの全貌　55

を実施したが、買付数の下限は設定されず、応募数にかかわらず必ず成立するスキームだった。本TOBに対し、4名の特別委員会委員のうち、1名が反対し、1名が補足意見を公表した。結局、TOBに対する応募は発行済株式のわずか3.7%にとどまった。その後、SBI新生銀行が非公開化する際に旧村上ファンド系は10%を保有する大株主として残ることとなった。

　近年、ベネッセホールディングスや大正製薬ホールディングスなど、誰もが知る大手企業が立て続けにMBOを発表している。ここまで述べてきたようにアクティビストをはじめとする市場からのプレッシャーが強まり、上場のコストが高まるなかでMBOによる非公開化を選択する企業は今後も増加すると考えられる。ただし、不公正なプロセスや価格で非公開化を行おうとすると、TOBが妨害されるだけでなく、その後にアクティビストからの強い要求を受けるほか、アクティビストなどと対峙せざるをえない株主構成で上場を維持することになりかねない。

　また、ほとんどのMBOは実質的にPEファンドをスポンサーとするものであるが、PEファンドは資金を委託され運用するファンドである以上、なるべく安く買う責務を負っている。非上場企業を相対で買う場合には、双方の合意があれば公正性担保措置がなくても問題ないが、上場企業を買う場合には許されない。この、PEファンド・経営陣の「安く買おうとする論理」と、アクティビストの「安く不当に買わせるのは許さない」という論理がぶつかることでMBOは荒れがちである。

　執筆時点現在で日本最大のMBOになった大正製薬ホールディングスに関しては、その公正性に大いに疑義が呈されている。東洋経済オンラインが2024年1月12日に報じた「相続税も圧縮？　大正製薬の「MBO」は誰のためか」では下記のことが述べられている。

　　仮に大手門株式会社（大正製薬のMBOにおける買付主体である、大正製薬の創業家の会社）が大正製薬の評価額を上回る資金を銀行から借り入れていれば、理屈上は大手門株式会社の評価額をゼロにすることも可能となる。そうなれば、（上原）昭二氏が持つ同社の株式を、ほとんど税負担なく後継者に相続できるようになる可能性もゼロではないのだ。

大正製薬のMBOにおけるTOB価格は、発表直前の株価に約5割のプレミアムを付けた8620円だった。これを同社の1株当り純資産（2023年9月末時点で1万0132円）で割ったPBR（株価純資産倍率）は0.85倍。つまり、会社を解散させて資産を分配したほうが株主の利益になるともいえる。

今回のケースでは、特別委員会は大正製薬側が雇った大和証券の算定などに基づいて設定された買い付け価格を追認している。この点について、コーポレートガバナンスに詳しい青山学院大学の八田進二・名誉教授は「特別委員会が独自に、独立性のあるファイナンシャル・アドバイザーを選ぶべき」と指摘する。

また、特別委員会のメンバー3人のうち、2人は大正製薬HDの社外監査役で、残る1人も元監査役だった。八田教授は「議決権はないものの、監査役は日頃から取締役会に参加して経営判断を承認し、そうした判断を追認しているに過ぎない。利益相反が疑われ、独立性に問題がある可能性のある人物の選任は避けるべきであり、別枠で支払われる報酬については全て開示すべき。メンバー構成に点数をつけるならば及第点以下だ」と話す。

買い手側の事業会社としてもなるべく安く買収を行うことが自社の企業価値向上につながることに加え、上場している企業の場合は不当に割高な買収を行えば自社の株主から責任を追及されかねないリスクを負っている。こうした論理のうえで行われる買収もまた、少数株主の代弁者であるアクティビストの要求と対立しがちである。

このような構造的な対立がある以上、今後も複雑なシチュエーションに陥るTOBは増えることはあれ、減ることはないと考えられる。様々な事例が積みあがっていくなかで、市場参加者にとって納得性の高いベストプラクティスが徐々に形成されていくしかないのが現実である。

アクティビストによる経営者の解任

　本項では「クビにされるか買収される」という企業支配権市場の側面のうち、「クビにされる」、すなわち取締役解任事例の研究に移りたい。ただし、アクティビストの運用額及び株主提案の数が増加し、同意なき買収が常態化しつつある現在にあっても、実際に株主総会において取締役が解任される、あるいは再任が否決される事例は極めてまれで、たいていの場合はその手前において自ら辞任に至る。

　実質的な解任事例としてこれまで多かったのは、東証スタンダード上場の時価総額十数億円から百数十億円程度のマイクロキャップ企業である。これは前述の仕手筋ウルフパック的な株主が数十パーセントを市場内外で買い付けることから株主構成上、圧倒的優位に立ったうえで経営陣の総入れ替えを提案するパターンであり、買収防衛策が導入できない場合は総会直前に取締役が辞任するケースが多い。株主構成上の野党株主が多数を占めることで、株主総会における取締役の解任が決定的なことが辞任に至る事由だが、そもそも長期間にわたる株価の低迷やガバナンス上の問題を切り口に株主から追及されることが多い。

　しかしながら、近年は時価総額が数千億円以上にもなる東証プライム上場企業においても実質的な解任事例が出てきている。代表的なものとして、フジテック、東芝、LIXILグループがあげられる。

　マイクロキャップ企業における解任事由との差異で大きなものとしては、ガバナンス問題と密接に結び付く経営戦略への少数株主からの信任欠如があげられる。とりわけ、M&Aを中心とするキャピタルアロケーションプランについて株主から疑義を呈されることが多い。

　フジテックは2022年1月、オランダの大手機関投資家であるケンペン・キャピタル・マネージメント（ケンペン）から、同社の中期経営計画で示された350億円のM&A計画について懸念を表明するレターを送付された。ケンペンはいわゆるアクティビストではない穏健なロングオンリーの投資家で

あることから、この公開キャンペーンは資本市場から驚きをもって受け止められた。フジテックは2020年5月にアクティビストファンドのアセットバリューインベスターズ（AVI）から資本的支出に対するハードルレートの策定を求められるなど、もともと一部の少数株主からキャピタルアロケーションプランの改善を求められていた。

その後、オアシスがフジテックの株式を買い増し、大量保有報告書を提出。そして、当時の社長の自宅を同社の従業員に「庭師」のように掃除させていたり、同社が保有していた不動産を市場価格より安く創業家一族に払い下げたりといった疑惑について、まるで「探偵」のような調査を交えた公開キャンペーンを行ったことは耳目を集めた。これを受け同社は総会直前に社長の再任議案を取り下げ、社長は取締役でない会長に退いた。その後、オアシスはこの人事をも問題視し、臨時株主総会を請求し過半の社外取締役の入れ替えに成功。次の定時株主総会ではもともとの社内取締役が全て入れ替わるなど、取締役会の構成は大幅に刷新された。

フジテックの株主として一定割合を占めた国内外のパッシブ機関投資家は、ガバナンスの問題を受けて当時の社長の再任に賛成しにくくなっていたと考えられ、同社株主であったヘッジファンドやロングオンリーの投資家は、経営体制の変更によるキャピタルアロケーションの改善余地に目をつけた可能性がある。

類似の事例としてあげられるのは、やはり東芝だ。2018年に社長に就任した車谷暢昭氏は、即座に前年の増資規模を上回る7,000億円の自己株買いを実施するなどアクティビスト対策を念頭に置いた資本政策を実施していた。だが、2020年に打ち出した「東芝Nextプラン」で1兆円規模のM&A計画を発表したことに、大株主のファラロンが反発。翌年3月開催の臨時株主総会においてM&Aを含む資本政策に関する規律についての記載を定款に加える株主提案を行った。ファラロンはそれに先立つレターのなかで、東芝の計画策定が「さらなる信用問題と懸念につながった」と表明している。

ファラロンは北米・欧州・アジア等を含む世界各国で投資を行っているヘッジファンドであり、2024年現在では東芝以外に株主提案を行った事例が

なく、純然たるアクティビストとは言い難い。そうしたファンドが自社の歴史上初めて公開キャンペーンと株主提案に踏み込んだことは、前述のフジテックにおけるケンペンの事例同様に例外的である。

東芝を巡っては、2020年にエフィッシモ及び3Dが定時株主総会で株主提案を行い社外取締役の選任を求めていた（結果は否決）ほか、その総会において東芝と経済産業省が大株主であるハンター・パットン（ハーバード大学の基金）に対して不適切な圧力をかけたのではないかという疑念が海外紙を中心に報道された。エフィッシモはその真相究明を求めて2021年に臨時株主総会で調査者の選任を求める株主提案を行った。

結果としてエフィッシモの株主提案は可決された。その後、独立した弁護士による調査が行われた結果、実際に同社と経済産業省による株主への圧力が存在したことが明らかになった。直前に同社の監査委員会が自主的に行った調査において、「圧力は存在しなかった」という結果が報告・開示されていたことから、同社のガバナンス不全と、それを透明性を伴うかたちで正す仕組みの欠如が明らかとなった。これを受けて当時の永山治取締役会議長と小林伸行監査委員会委員は、2021年の定時株主総会において再任が否決された。時を前後して4月には、当時の車谷社長が自ら辞任を表明。直前には、車谷社長がかつてアドバイザーを務め、当時の社外取締役である藤森義明氏が現任のアドバイザーを務めていたPEファンドのCVCによる東芝のMBOプランが経済紙に報じられ、「アクティビストによるさらなるガバナンス追及を恐れた車谷氏が、保身のために自らと関係の深いPEファンドに東芝を買収させようとしたのではないか」という疑念まで立ち上がった。その後、藤森氏も再任候補とならず、本件を受けて東芝の取締役会構成は大幅に入れ替わった。

最後に、LIXILグループの事例を取り上げる。これは2018年に、当時の創業家出身で当時取締役会議長だった潮田洋一郎氏が、瀬戸欣哉社長兼CEOに関する不正確な情報を指名委員会に提供し、瀬戸氏を解任させたことが発端だ。ここから翌年の瀬戸氏の再登板、潮田氏及びその影響下にあった山梨広一代表取締役COOらの解任キャンペーン（プロキシーファイト）につな

がった。

　本件においても、やはり先陣を切って指摘を行ったのはアクティビスト
ファンドではなく、一般的な長期目線の機関投資家であるマラソン・アセッ
トマネジメントとポーラー・キャピタルである。その主題は、潮田氏主導の
不透明かつ不当に行われた可能性が高い瀬戸氏解任プロセスというガバナン
ス上の指摘であったが、経営戦略の問題でもあった。すなわち、同社が過去
に買収したものの長年にわたって赤字であり、巨額の減損も出していたペル
マスティリーザというイタリアの子会社を巡り、瀬戸氏は売却を視野に入れ
ていたところ、潮田氏はペルマスティリーザを「宝」として保持することを
主張。それに加えてさらなる積極的な（海外を中心とする）M&A路線を打
ち出したことが、一般株主からも「過去に失敗している海外M&Aを顧みず
野放図なキャピタルアロケーションを行う経営陣」と「それを止められない
ガバナンス体制」と映った。

　同社を巡っては瀬戸氏・潮田氏両方と親交の深い村上世彰氏も介入を試
み、潮田氏に対して直接的に問題を指摘したとされる。瀬戸氏はその後、自
らの経営への復帰と推薦する社外取締役の選任をかけたプロキシーファイト
に臨み、その過程において潮田氏・山梨氏は退任、定時株主総会において会
社側推薦の社外取締役は過半が選任されず、瀬戸氏側が通ったことから、瀬
戸氏が経営に復帰した。

　当時、様々なアクティビストファンドやヘッジファンドも同社株主であっ
たとされ、瀬戸氏は経営復帰の暁にはガバナンス改善とM&A戦略の見直し
をコミットしたのではないかと推測される。実際に、瀬戸氏が経営復帰した
翌年には、ペルマスティリーザ及び同社にとってノンコアといえる上場子会
社（当時）であったLIXILビバの売却が発表・実現された。これもまた、経
営プランとガバナンス問題が複雑に絡み合ったことにより、アクティビスト
のみならず一般株主からの追及が行われ、企業支配権市場が機能した事例と
いえる。ガバナンスイシューと経営プランの改善余地が重なってこそ、アク
ティビストは本気で経営陣のクビを獲りに行き、アクティビスト以外の一般
株主も解任に賛同する事態に発展するのである（**図表2－8**）。

第2章　アクティビストの全貌　　61

図表 2 − 8　株主・投資家からの支持を伴わなかった「経営戦略」の打ち出しが、経営陣交代といったワーストシナリオ顕在化になった事例は多数存在

	株主還元やガバナンスに関してもともと懸念を持たれていたなかで過大なM&A計画を公表し…	…株主からの経営体制への不信感に一層の拍車がかかり、経営陣の交代に至った
フジテック	・2022年1月、蘭大手機関投資家であるケンペンが、フジテックに対するレターを送付。350億円のM&A計画を含む同社の中計とガバナンス体制に懸念を表明し、M&A予算の自己株買いへの充当等を求めた ・2020年5月には、AVIが資本的支出に対するハードルレートの規定や指名委員会等設置会社への移行などを求めるレターを公開していた	・2022年5月、オアシスが、内山社長の再任に反対するキャンペーンを展開。オアシスは内山社長と会社側の不透明な関連当事者取引などを問題視 ・6月、同社は株主総会当日に内山社長の取締役選任議案を撤回し、同氏は取締役でない会長に。野村AMや三井住友トラストAMなど大手機関投資家も役員選任議案に反対票を投じた
東芝	・2021年2月、東芝を5%超保有するファラロンが、同社に対するレターを公開 −2020年10月、同社は「東芝Nextプラン」内にて1兆円規模のM&A計画を公表 −この方針転換と説明不足が「更なる信用問題と懸念につながった」と表明	・2021年6月、筆頭株主のエフィッシモ主導の調査により、元経済産業省参与が同社株主に圧力をかけていた事実などが判明し、同月の定時株主総会で永山治取締役会議長らの選任議案が否決 ・2022年には会社分割案も否決され、ファラロン出身者らが社外取締役として新たに選任
LIXIL	・2018年10月、LIXILグループ社長兼CEOの瀬戸欣哉氏の突然の辞任と、創業家出身で会長の潮田洋一郎氏の後任への就任を発表 ・同氏は瀬戸氏の路線を大きく変更し、積極的なM&Aの方針を示したが、翌日の株価は14%安	・2019年3月、英米機関投資家らが潮田氏らの取締役解任を請求。同社のガバナンス体制に批判が集まり、潮田氏らは取締役を退任 ・同年の定時株主総会で瀬戸氏らの取締役選任議案が可決され、CEOに復帰

出典：公開情報からQuestHub作成。

　もちろん、ここであげた3社の事例は相当に例外的であり、ここまでのガバナンスイシューが顕在化する上場企業はそう多くはない。大規模なガバナンスイシューがないのであれば、パッシブ機関投資家や、それらが準拠する議決権行使助言会社は、ROEが継続的に5％を下回るなど、客観的にみて問題の大きい経営成績でもない限り、アクティビスト側の提案に容易に乗るわけでもない。そしてアクティビストも一部の例外を除くと、自ら30％程度

まで株式を買い増したりTOBをかけることで、経営者のクビを獲りに行ったりすることはまれではあるため、そうそう上場企業の経営陣が解任に至ることはないのではないか、とも考えられる。

しかし、次章で述べるように、経済産業省が策定した「公正な買収に関する指針」に従えば、同意なき買収提案であっても、上場企業は真摯な買収提案に対して真摯な対応を行わないといけない。これは言い換えれば、真摯な検討を行わなければそれ自体がガバナンスイシューに発展することを意味する。

実際に、一部のパッシブ投資家は、十分なプレミアムが付与されるにもかかわらず適切なプロセスのもとで買収提案が検討されなかったとすれば、そうした経営陣を支持できないと考えている。そうすると、単独では経営陣の解任を行えないアクティビストも、パッシブやロングオンリーの投資家の支持を得られる解任キャンペーンを行うことができる。そのため、今後は自ら、あるいは事業会社・PEファンドの買収提案を誘発するエンゲージメントを行ったうえで、それを拒否すること自体が解任事由になりうる、という主張を行い、アクティビストが攻めてくるケースが増加するとみられる。

そのため次章では、こうした企業支配権市場の成立を受けて、事業会社やPEファンドはどのように事業会社を買収していくのか、買収していくべきかという観点を中心に、上場企業M&Aの将来像を深掘りしていこう。

第2章　アクティビストの全貌　63

第 **3** 章

企業支配権市場における
上場企業M&A

第3章では、企業支配権市場が成立する日本の市場においてどのように上場企業M&Aが行われていくのか、とりわけ経済産業省が2023年8月に取りまとめた「企業買収における行動指針」を事業会社、アクティビスト、PEファンドがどのように活用し、買収をどう実現させていくのかについて、事例研究も交えてみていきたい。

M&Aにおける公正性

今般の「企業買収における行動指針」より以前から、経済産業省はM&Aに関する原則や視点、ベストプラクティスなどを整理する指針及び報告書を策定してきた。2005年には「企業価値・株主共同の利益の確保又は向上のための買収防衛策に関する指針」を、2007年には「企業価値の向上及び公正な手続き確保のための経営者による企業買収（MBO）に関する指針」（いわゆるMBO指針）を取りまとめた。MBO指針を改訂し2019年に策定されたのが「公正なM&Aの在り方に関する指針」である。これは、MBO及び支配株主による従属会社の買収を中心に、公正なM&Aの在り方を提示したものであり、M&A実務や司法判断にも大きな影響を及ぼしてきた。

こうした類型の買収は、構造的な利益相反が発生しうるため、手続き面における公正性が特に重要となる。実際に、情報を多く有する支配株主が、業績をわざと下方修正するなど利益調整を行い株価を下げたうえで買収を行おうとするなど構造的な利益相反が起きやすいことが確認されている（**図表3－1**）。

筆者の知人であるとある著名グロース企業のCEOは、あるバイアウト案件において直前の業績の下方修正がなされていたニュースをみて「あえて決算を悪いかたちで発表し、株価を下げたうえで、PEファンドが買収し、創業家に業績達成ストックオプション（SO）を付与し、再上場を目指すというモデルは、全てのステークホルダーにとってハッピーなのではないか」「このようなスキームは今後も増加するだろうし、自分たちが買収していく

図表3－1 支配株主による上場企業の買収では、被買収企業が利益調整行動を行い、少数株主にとっては不利な条件での買収が行われており、「悪しきベストプラクティス」となっている可能性

支配株主による上場企業のバイアウトにおける利益減少型の利益調整行動の研究

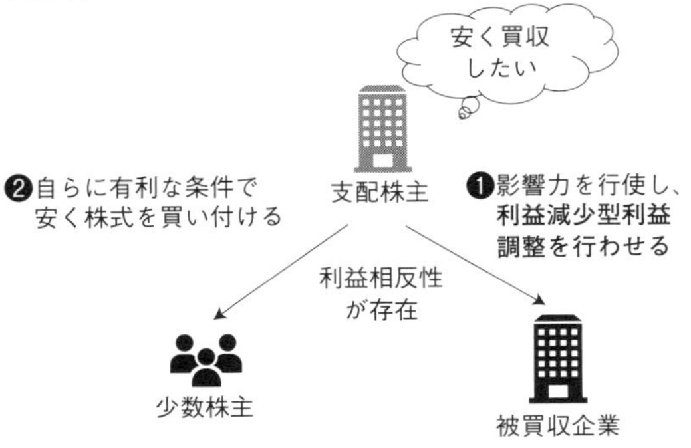

不公正バイアウト事例は「悪しきベストプラクティス」

「あえて決算を悪いかたちで発表し、株価を下げたうえで、PEファンドが買収し、創業家に業績達成SOを付与し、再上場を目指すというモデルは、全てのステークホルダーにとってハッピーなのではないか」

「このようなスキームは今後も増加するだろうし、自分たちが買収していく際にも使っていきたい」

著名グロース企業CEO

❷自らに有利な条件で安く株式を買い付ける

安く買収したい

支配株主

利益相反性が存在

少数株主

被買収企業

❶影響力を行使し、利益減少型利益調整を行わせる

※会計発生高とは、会計上の利益のなかでもキャッシュによる裏付けのない部分のことを指し、そのなかでも裁量的会計発生高は、減価償却の方法や棚卸資産の評価法の方法を通じて会計ルールの枠組みのなかで経営者の裁量に調整された部分であり、利益調整の代理変数となる

・本多（2024）は、2006年以降の日本における上場企業の非公開化案件をサンプルとした実証化案件を行い、支配株主（当研究では20%以上の株式を保有する株主を支配株主と定義）による上場企業の完全子会社化では、支配関係のない企業の完全子会社化よりも買収アナウンス直前期の被買収企業において利益減少型の利益調整行動が確認された
・被買収企業の表面上の利益の圧縮やTOB価格や株式交換比率の面で支配株主がより安く買収できる有利な条件での買収が行われ、少数株主の富が搾取されている可能性
・こうした事例が放置されれば不公正なバイアウトが買い手にとって魅力的な「悪しきベストプラクティス」となる

出典：QuestHub作成。

際にも使っていきたい」と述べた。この見解は誤りであり、もし自分が対象企業の少数株主であれば「ハッピー」でも何でもないので、全てのステークホルダーにとってハッピーであるとはまったくいえない。当該CEOはある業界の先駆者として知られる立派な経営者であり、決して悪意を持って述べたわけではない。企業買収において、買い手がなるべく安く買おうと考えることはある種当然であり、上場企業買収において不公正が起きないようにするには適切なルールが整備されている必要がある。

その点、「公正なM&Aの在り方に関する指針」では、

① 独立した特別委員会の設置

② 外部専門家の独立した専門的助言等の取得

③ マーケット・チェックの実施

④ マジョリティ・オブ・マイノリティ（以下「MoM条件」）の設定

⑤ 一般株主への情報提供の充実とプロセスの透明性向上

⑥ 強圧性の排除

の6点を公正性担保措置としてあげている（**図表3−2**）。

前章でも述べたとおり、とりわけ重要性が増しているのが、マーケット・チェックである。これは端的にいうと「買収者が（企業価値を最も高めることのできる）ベストバイヤー」なのかという点を検証するプロセスである。

マーケット・チェックにも方法がいくつか存在しており、東芝の事例のように潜在的な買収者を積極的に募るケースや入札手続きを行うケースもあれば、情報流出を回避する観点から、入札について公表せずに複数社のストラテジックバイヤー及びPEファンドから水面下で提案を募るなど、より消極的なケースも存在する。マーケット・チェックが不十分だとアクティビストからディール公表後に公開キャンペーンを受けるリスクや、片倉工業の事例のように公開買付けへの応募を行ったアクティビストの株式を、他の株主が公開買付価格を上回る価格で買い取ることで公開買付けが不成立に終わるケースもある。

特にMBOにおいては、企業のインサイダー情報を有する経営陣が買収の主体であるため、安く買うインセンティブが常に働いている。そのため少数

図表３−２　経済産業省「公正なM&Aの在り方に関する指針」では、以下の６点をMBOなどにおける公正性担保措置として位置付けている

経済産業省「公正なM&Aの在り方に関する指針」における公正性担保措置

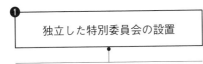

❶ 独立した特別委員会の設置
・社外取締役など、高い独立性を有するメンバーで構成される特別委員会を設置し、取引条件の交渉過程に実質的に関与することが望ましい

❷ 外部専門家の独立した専門的助言等の取得
・法務アドバイザーによる専門的助言や第三者評価機関等からの株式価値算定書、フェアネス・オピニオンなど、独立した助言を取得することが望ましい

❸ マーケット・チェック
・他の潜在的な買収者による対抗的な買収提案が行われる機会を確保することが望ましい
・買収者が支配株主である場合、マーケット・チェックの意義は乏しい場合も

❹ マジョリティ・オブ・マイノリティ（MoM条件）の設定
・買収者と重要な利害関係を共通にしない株主が保有する株式の過半数の支持を得ることを当該M&Aの成立の前提条件とし、あらかじめ公表することを指す
・望ましいM&Aを容易に阻害できてしまう可能性も存在

❺ 一般株主への情報提供の充実とプロセスの透明性向上
・検討・交渉プロセスや判断根拠、第三者評価機関による株式価値算定の内容や計算過程等が事後的に開示され、一般株主のチェックの下に置かれることが望ましい

❻ 強圧性の排除
・株主がTOBに反対した場合、以下のような取り扱いが望ましい
―買取請求権・価格決定請求権が確保できないスキームを採用しない
―TOBにより大多数の株式を取得した場合、TOB価格と同一価格で速やかにスクイーズアウトを行う

出典：QuestHub作成。

　株主権利の保護のため、独立社外取締役とアドバイザーで構成される特別委員会が、買収価格の妥当性について少数株主の立場に立って忖度なく吟味し、妥協なく価格の引き上げを要求する必要がある。
　ところが、しばしば（少なくとも外形的には）特別委員会が経営陣から独

立した立場で判断したといいかねるようなシチュエーションが生じる。典型的な例としては、MBOの際に①より高い価格を出しうる事業会社やPEファンドに打診を行わなかった（マーケット・チェックを十分に行わなかった）、②買収価格の妥当性について第三者機関よりフェアネス・オピニオンを取得しなかった、③PBR1倍を下回るような価格となったなどがあげられる。

「企業買収における行動指針」の
キーワードは「真摯性」

　これまで述べてきたように「企業買収における行動指針」は、上場企業を買収する際の少数株主の権利保護などのルールを整備し、透明性を高めることを大きな目的としたものである。その際のキーワードは、「真摯性」。すなわち、「真摯な買収」提案に対して上場企業は「真摯な検討」を行うことが基本、というものである。逆に、「真摯な買収提案ではない」ものは何かに関しては、指針において以下の3点から例示がなされている。

―具体性が合理的に疑われる場合
　（買収対価や取引の主要条件が具体的に明示されない、など）
―目的の正当性が合理的に疑われる場合
　（買収後の経営方針が示されていない、など）
―実現可能性が合理的に疑われる場合
　（買収資金の裏付けが十分でない、など）

　裏を返せば、上記3つを充足するものは「真摯な買収提案」である可能性が高い、ということができる。

　これに対応する「真摯な検討」とは、社外取締役を主体とする特別委員会が中心となり、買収者が提示する「買収価格」及び「企業価値向上策」と、現経営陣のもとでの「企業価値向上策」を定量的な観点も含めて比較検討することを指す（**図表3-3**）。

図表3－3　真摯な検討とは、「買収者が提示する経営計画」と「現経営陣の経営
　　　　　計画」のどちらが企業価値向上・株主利益の確保につながるかを「社
　　　　　外取締役」が比較検討するもの

検討主体	真摯な買収提案に対する真摯な検討プロセス	
・社外取締役を中心とする特別委員会での検討 ・指針3.3：個別の事案における利益相反の程度や情報の非対称性の問題の程度、対象会社の状況や取引構造の状況等に応じて、特別委員会の設置や外部のアドバイザーの助言等の公正な手続き（公正性担保措置）を講じることが考えられる	買収者が提示する「買収価格」や「企業価値向上策」	・追加的な情報を買収者から得つつ提案内容について、企業価値の向上に資するかどうかの観点から買収の是非を検討 ・以下の項目を中心に検討 　―買収後の経営方針 　―買収価格等の取引条件の妥当性 　―買収者の資力・トラックレコード・経営能力 　―買収の実現可能性
	比較検討 ……	両者を「企業価値の向上・株主共同の利益を確保」の観点から定量的に比較し、買収に応じるか否かを検討
	現経営陣の下での「企業価値向上策」	・自社の経営戦略・計画により達成可能な企業価値を算出 　―まず、現状の中期経営計画等の評価 　―加えて、現中計に織り込んでいない追加施策（M&A等）の実施により、さらなる企業価値向上が目指せる場合は、その施策の蓋然性等を含めて検討 　―また、対抗提案を模索することで、より企業価値を高める機会を探索することが可能

出典：QuestHub作成。

M&Aにおける
MoM（マジョリティ・オブ・マイノリティ）

　TOBにおける「強圧性」は重要な論点といえる。

　部分的な買付けを行って支配権を獲得した場合、残った少数株主と支配株主との間で利益相反関係が生じる場合がある。支配株主の利益のために対象

企業の資金を特別配当や親会社預け金といったかたちで吸い上げたり、子会社の情報を親会社の利益のために利用したりしかねないといった具合で、親子上場の問題と類似している。

そのため、市場内での急速な買付けや部分買付けTOBによる支配権獲得に際しては、買い手側が支配権獲得後にどういったプランを描いているのかを十分に説明することが一般株主の保護に資するとされ、それを行わずに支配権を獲得することを「強圧的な買収」と呼ぶ。

十分なプレミアムが付与されたうえでの完全買収TOBでは、強圧性は大幅に減じられる。ただし、第2章で取り上げた伊藤忠商事によるファミリーマートの買収事例のように、TOB開始前からすでに買収者が対象企業の過半を有している場合、残る株主のうちのごくわずかしか賛同がなくとも合計で3分の2以上の株式の取得が可能である。3分の2以上を取得してしまえば、残る3分の1未満の株主は株主総会の特別決議によってスクイーズアウトが可能である。これに関して2019年に策定された「公正なM&Aの在り方に関する指針」のなかでは、TOBの際にいわゆるMoM条件をつけることが（強制はしないが）望ましいとされている。

すなわち、支配株主による完全子会社化における支配株主や、MBOにおける経営陣・オーナーなどの買付主体を除いた真の一般株主の過半の支持を得ることをTOBの成立条件とすべきということだ。これは最大限に公正性を担保した措置といえるが、一方でアクティビストがごくわずかな比率の株式を保有しただけでTOBを不成立に追い込んだり、価格を引き上げさせたりする交渉力を与えることとなりうる。

実際にそうした事象が起きた事例が、2017年のKKRによる日立国際電気の買収だ。このケースでは、約52％を保有していた支配株主の日立製作所を除く約48％の株主のうち、過半である約24％以上の応募を成立条件（TOBの下限）に設定するTOBが行われた。するとTOB期間中にアクティビストのエリオット・マネジメントが8.59％まで買付けを行った。その後、TOB価格は2度引き上げられ、最終的には下限をわずかに上回る25.55％の応募という薄氷の差でTOBが成立した。最大限に公正性を担保した結果、アク

図表3－4　KKRによる日立国際電気へのTOBのケースでは、下限にMoM条件を設定。エリオットの介入により2度の価格引き上げを余儀なくされ、薄氷の差で成立

KKRによる日立国際電気へのTOBの事例
- 2017年4月、米大手投資ファンドのKKRは、日立国際電気に対し、1株2,503円でTOBを行うと発表
  - 同社は日立製作所が株式の約52％を保有
- その後株価が上昇したことでTOB開始を見送ったが、10月に1株2,900円で再提案
  - 買付予定数の下限は、TOBに応募しない日立製作所保有分を除く半数（MoM条件）に設定
- しかし、TOB期間中に、米大手アクティビストのエリオット・マネジメントの大量保有が判明し、8.59％まで保有比率を高めた
- 株価が買付価格を上回って推移したため、2度の買付価格の引き上げを余儀なくされ、最終的には下限を約1％上回る25.55％の応募があったことで、薄氷の差でTOBが成立した
- エリオットがTOBに応じた背景には、伊アンサルドSTS社の買収を巡り係争中であった日立製作所に対し、何らかの譲歩を引き出す戦略であったとの見方がある

株価推移（TOB成立までの1年間）

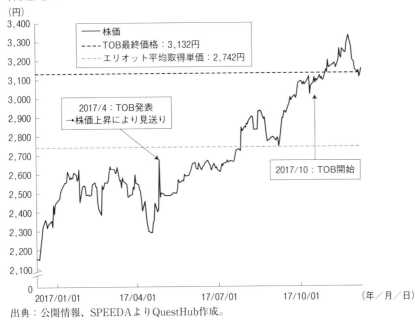

出典：公開情報、SPEEDAよりQuestHub作成。

第3章　企業支配権市場における上場企業M&A　73

ティビストに振り回されたTOBになったといえる（**図表3－4**）。

　これとは「真逆」といえるのが、下限を設定しないで行うTOBである。第2章でもふれたが、SBIホールディングスは2021年にSBI新生銀行の支配権を獲得した後、2023年に同行を非上場化させる際に、下限なしのTOBを行った。SBIグループと、非上場化への賛同が確定的であった預金保険機構及び整理回収機構の保有株式を加えると3分の2以上に達していたため、たとえTOBへの賛同がゼロであっても非上場化の決定は揺るがなかった。

　仮にMoM条件を設定していれば、13％程度の株式を買い集める必要が生じていた。TOB公表後、SBI新生銀行の株式を旧村上ファンド系が10％程度の株式を買い集めたことが明らかになったが、アクティビストによる妨害が事前に予期されたなかでの判断だったと推定される。こうしたケースではTOBの成立自体は確実ではあるが、伊藤忠商事によるファミリーマート買収の事例ように事後的にその価格やプロセスの妥当性を巡って株式買取請求権の行使をされるリスクも存在している。こうした買い手にとってのビジビリティー（ディール成立可能性）と公正性のトレードオフの関係をまとめたのが**図表3－5**である。

　下限設定なしのTOBを行えば、TOBの成立自体は確実だが、事後的な法廷闘争やレピュテーションの毀損につながりうる。一方で公正性を担保すれば、アクティビストがTOBを阻止するために必要な株式保有の割合は下がっていき、容易に妨害されうるようになってしまう。TOB公表後に十分な株式を買い集めて値上がりを狙う手法は、株価上昇を指す「バンプ（bump）」と「アービトラージ（arbitrage）」をもじって「Bumpitrage戦略」と呼ばれ、ヘッジファンドやアクティビストの主要な投資戦略の1つとなっている。

　もっとも、**図表3－5**を参照すれば、どれほど公正性を担保しようとしまいと、アクティビストによる指摘・妨害があったという事実が浮かび上がってくる。身も蓋もない話ではあるが、これを防ぐには十分なプレミアムを付与するしかない、といえる。SBI新生銀行の場合はPBR1倍を下回る買収であったこと、ファミリーマートの場合は株価が下がったタイミングでの買収

図表3−5 支配株主によるTOBにおいてビジビリティと公正性はトレードオフの関係。公正担保措置への要請が年々高まるなかで、アクティビストなどディールをブレイクし得る主体とどのように向き合うかが重要

ディール成立可能性	公正性	TOB下限の設定例	TOB阻止に必要な割合	概要	リスク	事例
大 ↓ 小	小 ↓ 大	下限なし（0%）	N/A	・（すでに支配株主の議決権が3分の2以上の場合）下限・上限なしのTOBを実施・TOBへの応募株式数に関係なく、非公開化は実施される	・TOBの成立は確実 ・一方、十分な公正担保措置を講じない場合、少数株主の反発を招くなどレピュテーションリスクは大きい	・SBIHD／SBI新生銀行 etc
		支配株主で3分の2を確保（66.7%）	大	・支配株主保有分のみで議決権の3分の2の確保を目指し、不足分を下限としたTOBを実施	・TOBの阻止のハードルは高い ・一方、十分な公正担保措置を講じない場合、少数株主の反発を招くなどレピュテーションリスクは比較的大きい	・ダイビル／オアシス ・大正製薬HD／オアシス ・CTC／オアシス etc
		支配株主・パッシブファンドを除くMoM条件（(100%−支配株主−パッシブ)/2）	中	・支配株主・利害関係者およびTOBに応募しないパッシブファンド保有分を除いた、実質的なTOB対象株式の過半数（マジョリティ・オブ・マイノリティ）を下限に設定したTOBを実施	・TOBの阻止は容易となる可能性 ・スキームの公正性は一定担保するものの、価格算定プロセス等が不十分な場合、少数株主の反発を招くなどレピュテーションリスクは存在	・ファミリーマート／オアシス
		支配株主を除くMoM条件（(100%−支配株主)/2）	小	・支配株主・利害関係者を除いたTOB対象株式の過半数を下限に設定したTOBを実施	・純粋なMoM条件を設定しているため公正性は高いが、TOB阻止は比較的容易	・日立国際電気／エリオット
大	小～中	非公開化後も一部少数株主が残留・再出資（N/A）	N/A	・一部少数株主に非公開化後の残留、または再出資を認める	・非公開化後に残留する株主とその他少数株主の間の平等性が問題となり、ディールの公正性を損なう可能性	・(SBI新生銀行／旧村上ファンド系) ・ニチイ学館／エフィッシモ ・シモ ・サカイオーベックス／旧村上ファンド系 ・T&K TOKA／NAVF etc

出典：QuestHub作成。

第3章　企業支配権市場における上場企業M&A　75

であったことが、少数株主の価値最大化に当たらない可能性があり、アクティビストからすれば「勝算」となったわけだ。

MoMでの買収防衛策の導入

また、強圧性の存在は買収防衛策の導入を正当化する論拠ともなりうる。少数株主にその支配権移動が適切であるかどうかを判断させるために十分な情報と時間を与え、対象企業の経営陣が必要であればよりよい買い手を探す、あるいは独立独歩での企業価値向上プランを示すことができるようにする、というのが買収防衛策のコンセプトである。

東京機械製作所とコスモエネルギーホールディングス（コスモ）においては、それぞれ会社側が強圧的な買付者であると判断したアジア開発キャピタル及び旧村上ファンド系および役員を除いた株主の過半の賛同を株主総会で諮り買収防衛策の導入を行う、いわゆる「マジョリティ・オブ・マイノリティ（MoM）」での決議が行われた。もっとも、こうしたMoM決議が濫用されれば、会社側が大株主であるアクティビストや敵対的な事業会社を除いた議案を通し放題となってしまい、これらの主体の株主としての権利が保護されなくなってしまう。そのため「企業買収における行動指針」においても、非常に例外的かつ限定的な措置とすることが明記された。

なお、MoM買収防衛策の導入を巡っては、真の一般株主の過半の賛同が肝要との観点から、たとえば従業員や政策保有目的で保有を行う株主も除くべきという議論も存在する。第1章の関西スーパーマーケットの事例で述べたように、政策保有を行っている事業会社は、買収者のプランが十分なプレミアムを提示し企業価値を向上させるものであったとしても、現経営陣との関係強化など、株価や企業価値とは無関係のインセンティブを有している場合があるためである。従業員について、「買収を回避して自分の身分が保証されることのほうが株主のリターンより重要」という判断が働きうる。強圧的な買収者を除くのであれば、こうした純粋なインセンティブ以外の目的を

有する株主も除いたうえで、真の一般株主のみで株主総会を行うべきという主張には一定の合理性がある。もっとも、「誰が真の一般株主か」という問いに明確な答えはなく、何をもって株主意思の確認ができたとするかについては、最終的には裁判所が総合的に判断をすることになるだろう。

アクティビストによる真摯な買収提案

　ここまでM&Aにおける公正性の重要性について述べてきたが、これは裏を返せば、仮に支配株主を生む部分買収であっても、十分なプレミアムとその後の企業価値向上プランを有していればアクティビストからケチのつけられない「真摯な買収提案」となる可能性もあるということを示唆している。以下では、経済産業省の「企業買収における行動指針」と合致すると考えられるアクティビストの真摯な買収提案の事例をみていくこととする。

　最初の事例は、合同会社サイブリッジによる東証スタンダード上場企業フォンファンの買収だ。約20年前に創業し、システム開発やITサービスを手がけるサイブリッジを経営する水口翼氏は、アクティビスト投資家としての顔も持つ。サイブリッジが大株主であった光陽社のMBOの際には、PBR1倍を下回る価格であったため「不当に安い」と主張し、TOB価格の引き上げを勝ち取った実績を有する。

　また、株価の低迷が続いていた日本テレホンに対しては株式を市場内で4割近く買い集めたうえで、企業価値向上に関する提案を行ったものの聞き入れられなかったため、経営陣の入れ替えを狙ったこともある。結局、総会前に日本テレホンが第三者割当増資を行ったことから断念に追い込まれた。そのためフォンファンには正面からTOBの提案を行い、結果的に友好的TOBとなって65%の株式を取得し、支配株主となった。保有株式比率は株主総会の特別決議に必要な3分の2目前に迫り、その気になれば残り1%強の株式を成立条件の緩いTOBによって買い集めることができる。つまり、残る全株式を強制的に取得するスクイーズアウトが容易に可能な立場にあるとい

第3章　企業支配権市場における上場企業M&A　77

え、少数株主の権利保護が厳しくみられる状況にある。

　ただし、サイブリッジ／水口氏は純粋なアクティビストとは異なり、IT業界の事業会社経営者でもあり、買収対象企業に関して資本政策以外を含むバリューアッププランを示している。執筆時点で、同社の株価はTOB前を大きく上回って推移している。新たに発表した中期経営計画では、上場コストを上回るメリットが生じうる時価総額100億円の達成を中期的な目標に設定し、水口氏自身は役員報酬を受け取らず株価連動報酬を検討しているとされる。

　ほかにも、アクティビストのオアシスによるレーサムの買収があげられる。レーサムは東証スタンダード市場に上場し、不動産事業を手がけている。オアシスは、60％以上の株式を保有する創業者・田中剛氏の株式の買取りを目的に2022年９月に１株1,700円でのTOBを実施し、11月に成立。オアシスの日本代表を含む社員２名がレーサムの取締役に就任した。サイブリッジによるフォンファンの事例同様、オアシスが３分の２近くを保有する支配株主であることから少数株主保護の観点が厳しく問われる状況にあったが、翌年策定した中期経営計画や好調な業績・増配が市場から好感され、株価は大きく上昇。その後、2024年９月には、ヒューリックが同社の完全子会社化を目的とし、オアシスのTOB価格の３倍以上となる１株5,913円でのTOBが公表されたことで、オアシスと同社少数株主はともに大きなリターンを得ることとなった。

　こうした企業価値向上事例が今後も続けば、アクティビストによる買収提案であったとしても企業価値向上のトラックレコードを有する「真摯な買収提案」となる可能性が高まる。そうした場合、買収提案を受けた企業側は、アクティビストによる提案であっても「買収後の企業価値を損ねる濫用的な提案である」といった従来のロジックをもって買収防衛策を導入することが難しくなる。アクティビストからすれば、企業買収・企業価値向上のトラックレコードを有することで投資対象・手法の幅が広がり、リターンを上げられる可能性が高まるといえる。今後は、買収・企業価値向上の実績を有するアクティビストと、そうでないアクティビストの間で優勝劣敗が進み、流入

する資金にも差がついていくことが予期される。

　前述のレーサムの事例は、友好的かつ過半の株式をTOBにより取得する
ケースであったが、アクティビストによる支配権の獲得や買収は、市場内で
一定程度買い付けたうえで実施するケースが多くなるとみられる。アクティ
ビストの多くは流動性のある上場株に投資するヘッジファンドであり、いき
なり流動性リスクをとって議決権の過半数を取得するのは例外的なケースと
考えられるためである。

　第2章のおさらいとなるが、アクティビストとしてはまずは少数株主とし
てエンゲージメントを行い、常に株価上昇による市場内売却や相対取引、プ
レミアム付きのバイアウトによる売却エグジットとを両にらみしながら、割
安で買えて企業価値を伸ばし、リターンを最大化できる絵が描ければ自ら買
収を行う、という戦法が主流になると思われる。

　その具体的な事例としては、コーンウォール・キャピタルによるユニデン
ホールディングス（ユニデン）の買収があげられる。ユニデンを巡っては相
次ぐ不正により当時の創業者会長が辞任したほか、株主からのガバナンスイ
シューの提起により後継の社長も実質的に退任に追い込まれるなど、上場企
業としてのガバナンスに重大な疑義が呈されていた。そんななか、10％以上
の株式を保有するコーンウォール・キャピタルが買収提案を行い、経営陣か
らの賛同も最終的に得て非公開化がなされた。

　もっとも、アクティビストは事業会社や後述のPEファンドと比べて、上
場企業を経営できる人材を内製で沢山抱えているわけではない。レーサムで
も、オアシスは取締役を送り込んでいるが、執行のトップまでは送り込んで
いない。また、たとえば海外事業の立て直しや工場撤退、リストラを通じた
マージン改善、DXなど、よりオペレーショナルな領域に踏み込んだレイ
ヤーの企業価値向上が主軸として求められるケースでは、アクティビストは
コンサルティングファームの活用やPEファンド出身者を送り込むことでケ
イパビリティを確保しようとするかもしれないが、内製された強みとして持
つことはハードルが高いといえるだろう。

　不動産企業のレーサムにおいては、最適なBS構成の追求により企業価値

第3章　企業支配権市場における上場企業M&A　79

向上を実現した。このように不動産・金融事業を営む企業や事業ポートフォリオ上のねじれが大きい企業は、アクティビストによる支配権獲得や買収後の企業価値向上の絵が描きやすい可能性がある。

2021年にPEファンドのポラリスによって買収され非公開化したスペースバリューホールディングスにおいても、20%超を市場内で買い付けたアスリードが、自身がスポンサーとなるMBOの提案を経営陣に行っていたことが公開買付届出書より明らかとなっている。同社も複数の事業を抱えていたため、事業ポートフォリオマネジメントの観点からアスリードが事業可能と考え買収提案した可能性がある。

PEファンドによる上場企業買収の将来

アクティビストと比して、これらのバリューアップに関する機能・実績を有し、内製で経営支援人材を抱えているのがPEファンドである。PEファンドが真摯な買収提案の要件をアクティビストより満たしやすいことは想像に難くない。むしろ、経済産業省の「企業買収における行動指針」を受けて増加することが見込まれる同意なき買収の主要プレイヤーに、PEファンドが躍り出る可能性は十二分にある。

アクティビストが現経営体制の問題点を追及し、改善が見込まれない場合には自ら支配権を獲得して企業価値向上を手がけるというストーリーには、アクティビスト側が実際にコミットすることで大義が生じる。事業会社が、シナジーの見込める企業に対して企業価値向上プランを示して買収することも世間からの理解を得やすい。

一方で、PEファンドは買収後に経営陣を入れ替えることはあったとしても、買収時においてはあくまで友好的にアプローチをし、ディール公表前に経営陣から同意を得ることを絶対条件としていた。むしろ、アクティビストや敵対的な事業会社からの支配権の脅威に晒されている事業会社のホワイトナイトになる、といったブランディングや立ち位置が一般的であり、自ら同

意なき買収を主体的に仕掛けることはその後の投資ソーシングに明確に悪影響を与えると考えられるため、現実的ではないと考えられてきた。しかしながら、足元ではいきなり敵対的な買収に踏み切ることはないにせよ、PEファンドがアクティビストが呼びかけるプロセスに応じるかたちで買収提案を提出するケースや、第一生命やニトリのように、すでに公表された友好的な買収に横やりを入れるかたちで、経営陣の事前同意を得ないままに対抗提案を行う兆候が出てきている。もともと米国ではPEファンドによる事前同意なき買収は1980年代末に相次いだが、日本も当時の米国に近づきつつある可能性がある。これまでそれを阻んできたものは日本における商慣習、特に銀行がローンをつけなかったからであるが、仮に最終的に対象会社経営陣の同意が得られるという条件であれば融資を行うとなれば、PEファンドによる事前同意のない買収は増加する可能性もある。こうなると、複数の事業を持つことから特定の事業会社からの買収ターゲットになりにくかったコングロマリット企業(その多くは大企業)もターゲットとなりうる。PEファンドからすれば、コングロマリットを買収してから各事業・子会社をベストオーナーである事業会社に転売することでリターンを生み出せるからだ。

他方で、価格面においてはPEファンドに逆風が吹きうる。前述のように、アクティビストが(PEファンドへの売り抜けではなく)企業価値向上が可能と判断すれば買収を行うケースや、事業会社がアグレッシブにシナジーを織り込んだ価格で買収提案を行うケースが増えると思われ、PEファンドはこれらと競争しながら最高値を出さなければディールが成立できない、といった事態になりかねない。

また、上場企業の買収案件の場合、マーケット・チェックの有無を含めたプロセスの公正性がより一層厳しくみられるようになっており、PEファンドとしては従来のように実質的な相対取引でのバイアウトを行うことは難しくなるだろう。

たとえばニチイ学館を巡っては、同社株式の44%を保有していた創業家を主体とするMBOを、米投資ファンドのベインキャピタル(ベイン)がサポートした。ベインの日本代表である杉本勇次氏が同社の社外取締役を務めてい

たところ、創業者が逝去し相続税対策の資金ニーズが発生したタイミングの直後でのMBOとなったため、プロセスの公正性がアクティビストから追及されることとなった。リム・アドバイザーズは会社側に質問状を送付し、最終的には東京地裁に公正価格決定を求める申し立てを行った。また、同社株式の12%程度を保有する大株主のエフィッシモは公式な声明こそ出さなかったが、非公開化後に同社に再出資する枠組みとなったことで実質的にMBOに同意。TOB価格は1度引き上げが行われたものの、最終的には成立した（**図表3－6**）。

　リム・アドバイザーズは「エフィッシモのみ再出資できる枠組みは少数株主間の不平等な扱いである」として問題視する声明を公表。こちらについても追及を行った。

　なお、TOB期間の最終日に、PEファンドのベアリング・プライベート・エクイティ・アジア（BPEA）が、TOB価格を上回る1株2,000円でのTOBを提案していたことが、日経ビジネスにより報じられている（会社側は否定）。

　当然ながら投資の原則は「安く買って高く売る」ことであり、PEファンドもその意味では例外ではない。しかしながら、指針の浸透や同意なき買収の可能性が開けることで買収機会は増える一方、「安く買う」ことが難しくなることから、日本におけるPEファンドによる上場企業投資はこれまでと比べると「薄利多売（多案件）」の色合いを強める可能性が高い。海外展開やDX、同業他社の買収によるロールアップ（売上、利益の拡大と効率化）といったオペレーションにまで踏み込んだ企業価値向上施策を打ち出すケイパビリティの独自の強みを有する場合は「高く売る」力が高まることから、そうした差別化に取り組むPEファンドも多い。

82

図表3－6　ベインキャピタルがスポンサーを行ったニチイ学館のMBOの際はアクティビストにより不公正性の余地を追及された

ニチイ学館のMBOを巡る経緯

- 2020年5月、ニチイ学館が米投資ファンドのベインキャピタルと組んでMBOを実施すると発表
  - TOB価格は当初1株1,500円
  - 買付数の下限を、TOBに応募しない明和（創業家資産管理会社）の保有分と合わせてスクイーズアウトが可能な2/3を確保できる水準に設定
    ※明和及び応募合意株主（創業家及び経営陣）の所有割合は44％

- 6月、リム・アドバイザーズが、会社側にMBOの決定プロセスや買付価格の公正性を問う質問状を送付

- 買付価格を当初の1,500円から1,670円に引き上げ、同社株式の約13％を保有していたエフィッシモが非公開化後も同社に再出資するスキームで応募契約を締結したことで、同年8月にTOBが成立
  - 公開買付条件の変更をうけ、リム・アドバイザーズは非公開化プロセスが公平性を欠き、またエフィッシモが再出資するスキームが少数株主間の不平等な扱いであると問題視する声明を発表
  - その後、2021年1月に東京地裁に公正価格決定を求める申し立てを行ったことが報じられた

- 公開買付期間の最終日（8/17）に、PEファンドのベアリング（BPEA）が、7月にTOB価格を上回る1株2,000円でのTOBを提案していたことが、日経ビジネスにより報じられた
  ※ニチイ学館は、提案等は受けていないとして否定

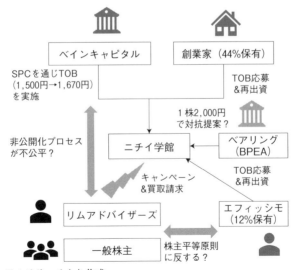

出典：QuestHubリサーチより作成。

アクティビストとPEファンド、事業会社の連携

　アクティビストはヘッジファンドの一種であり、常に流動性のある新しい投資先への投資機会をうかがう存在である。そのため、アクティビストがエグジットする企業をPEファンドや事業会社が買う、というディール自体は減ることはない。むしろ、買収指針の影響でアクティビストが絡む上場企業のM&A全体が増えるなかで、増加していくと考えられる。

　最もオーソドックスなケースは、アクティビストが現経営陣の解任が可能な程度まで株式を買い進め、取締役解任やTOBをちらつかせたうえで、会社側に自主的にPEファンドないし事業会社をホワイトナイトとして探させる、というパターンである。代表的な事例が東京ドームの買収だ。オアシスが10%弱まで株式を買い進めて企業価値向上プランを示し、その後に取締役解任議案を臨時総会で諮ろうしたことで、同社は最終的に三井不動産と読売新聞グループ本社に買収された。

　アクティビストによる同意なき買収が実施された後に、PEファンドがホワイトナイトとなった例もある。2023年1月10日、アクティビストのNAVFは他共同保有主体と合計で22.28%を所有するT&K TOKA株に対し、対象会社経営陣の同意を得ないTOBを開始した。このTOBは不成立となったが、同年8月17日、ベインが、T&K TOKAに対して2024年1月をめどに1株1,400円でのTOBを行う予定であることを公表。これに対し、NAVFは保有割合を徐々に高めたことから株価もTOB価格を上回って推移したが、1月23日、ベインは買付価格を10円引き上げたうえでTOBを開始し、NAVFは、非公開化後の再出資を行う条件でTOBへの応募契約を締結したことが判明した（**図表3-7**）。

　これらはあくまで対象企業側が自主的にホワイトナイトを探すケースだが、そのスピードを加速させるために今後増加すると思われるのが、アクティビスト側が買い手候補に声をかける、いわば、「アクティビストと事業

図表3－7　T&K TOKAはNAVFによる同意なきTOBを受けた後、ベインによるMBOを実施。買収者側はNAVFに対し非公開化後の再出資を認めるかたちで応募契約を締結

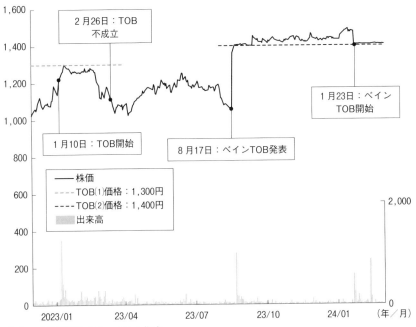

T&K TOKAの株価及び推移
2022年12月－2024年3月、日次、株価：円（左軸）、出来高：株（右軸）

出典：公開情報よりQuestHub作成。

会社の挟み撃ち」といえるケースである。前出のコスモは、旧村上ファンド系が20％を取得し、24.5％までの買い増しの是非を巡る臨時株主総会の直前に、産業ガス大手の岩谷産業が旧村上ファンド系から全株式を取得した。アクティビストが対象企業の（PEファンドをスポンサーとするMBOの実施を含む）ホワイトナイト探しを加速させるために、対象企業にとって望ましくない競合他社などの事業会社への株式売却を示唆する、といったケースが出てきている。買い手となる競合他社からすれば、対象企業の株式を市場内で買い付ければ警戒され、最悪の場合は買収防衛策が導入されてしまう可能性がある。ところが、相対取引であれば一挙に大量に株式を取得できるため、

魅力的な選択肢となりうる。

ドラッグストア大手のツルハホールディングス（ツルハ）の事例も同様だ。同社は、同社株式の約13％を保有する大株主であり、傘下に同業のウエルシアホールディングスを擁するイオンとの関係性がぎくしゃくしつつあった。2021年にはイオンの岡本元也会長がツルハの社外取締役から外れるなど、両者の関係に隙間風が吹いていたところに2022年オアシスが大量保有し、2023年には同社のガバナンス改善を求める株主提案を行った。イオンは会社側を支持することを公表し、「恩を売った」かたちとなったことで、結果的にツルハとイオンの統合の交渉が行われることとなった。ツルハはその後MBOの是非についての検討も実施したが、最終的にはイオンがオアシスの株式を買い取るかたちでツルハを持分法適用会社とし、将来的な経営統合行うことが公表された。

また、アクティビストが大量保有した後、複数のPEファンドに声をかけて対象企業の買収提案を募り、対象企業にPEファンドを紹介する、といった動きもみられるようになっている。PEファンドとしても対象企業の経営陣に対して敵対的な行為はできないものの、アクティビストとコミュニケーションを持ってある程度話をつけたうえで対象企業に買収提案を持って行く、というスタイルである。

アクティビストではなく事業会社が非公開化を主導した事例であるが、これが実現したのが、伊藤忠商事（伊藤忠）の寺岡製作所株式のエグジットである。伊藤忠は同社株式を26.3％保有する筆頭株主であったが、PEファンドと伊藤忠、創業家の寺岡敬之郎会長をスポンサーとする非公開化提案を打診した。寺岡製作所側は、PEファンドの提案は短期間での業績改善や多額の借入れを前提としているため、中長期的な企業価値向上に資さないと判断した一方で、販売代理店との関係再構築や車載電池関連領域への注力・向上における原価低減・経営体制の見直しを行うにあたり、寺岡会長が経営陣としてコミットすることが役職員・取引先との関係維持発展に寄与するとの判断からMBOを実施した（その後、TOB価格がPBR1倍を下回っていたことから、TOB期間中に旧村上ファンド系が大量保有を行っている）。伊藤忠に

図表3－8　寺岡製作所の事例では、25％保有していた伊藤忠商事がPEファンドを連れて提案を実施したことをきっかけにMBOに進んだ

寺岡製作所のMBOを発表するまでの経緯

寺岡製作所は、事業環境の変化及び近年の業績不振や株価の低迷を理由に、筆頭株主である伊藤忠商事からは保有する寺岡製作所株式の売却の可能性の示唆を受けていた

2022年11月	筆頭株主の伊藤忠商事がPEファンドを寺岡製作所に紹介	Ⓐ
12月	非公開化プロセスの検討開始。特別委員会を組成	
2023年3月～	マーケット・チェックを行う一環で他の候補者との間での非公開化検討を開始	
7月(中旬)	候補者から検討見送り	Ⓑ
7月(下旬)	MBOについて本格的な検討を開始	
8月2日	寺岡敬之郎氏によるMBO提案を受領	
10月30日	TOB公表	Ⓒ

Ⓐ 寺岡製作所の業績・株価は低迷しており、伊藤忠は保有株式の売却意向を示していたなかで、PEファンドと伊藤忠商事、寺岡氏をスポンサーとする非公開化提案を打診

Ⓑ PEファンドの提案は短期間での業績改善・多額の借入金を前提としているため、中長期的な視点での企業価値向上に資さないと判断
－寺岡敬之郎氏（会長）によるMBOを中長期的な企業価値向上の手段として認識し始める契機となる

Ⓒ リリースでは以下の点を強調
－粘着テープ事業の抜本的見直しと寺岡氏主導による販売代理店との関係再構築・PTIの立て直し・車載電池関連領域への注力・向上における原価低減・経営体制の見直し
－これらを行うのにあたり寺岡氏が継続的に指揮をとることをコミットすることで、役職員・取引先との関係維持発展に寄与する

スキーム

本件実施前：寺岡敬之郎氏等 5.4%／伊藤忠商事 26.3%／少数株主 68.3% → 寺岡製作所

本件実施後：寺岡敬之郎氏 100% → 公開買付者（りそなファンド 優先株式）→ 100% → 寺岡製作所

出典：QuestHub作成。

よるプレッシャーがなければ、同社が非公開化の意思決定に踏み切ることもなかったと考えられる（**図表3−8**）。

　特定の企業を買収したい事業会社を、アクティビストが実質的に「アシスト」する、という事例も今後増加することが見込まれる。買収する事業会社側のメリットとしては、平常時に対象企業側が売却に同意する可能性が低くとも、アクティビストが株式を保有し支配権に揺さぶりをかけることで対象企業がホワイトナイトを求める、ないしはアクティビスト主導で売却プロセスが始まり、これまで買えなかった会社を買えるチャンスが出てくる。アクティビスト側としても、プレミアムを付してでも買収するメリットを有する、あるいは少なくとも相対で株式を引き取りたいと考える事業会社を見越して株式を取得すれば、市場内での買付けの平均取得単価よりも高く売却できる可能性が高まる。

　「敵対的な買収者」か「ホワイトナイト」かというのは、見え方やブランディングの問題となることが多い。事業会社はこれまで同業他社からの買収を敬遠することが多かったが、「アクティビストに乗っ取られるよりマシ」として事業会社からの買収をよしとする可能性もある。あるいは、「アクティビストに乗っ取られるのも事業会社から買収されるのも嫌だ」という判断が働いた際に、PEファンドによる買収を望むケースも存在する。ただし、対象企業が望む買収者が必ずしも最高値を提示できるわけではないことには留意が必要である。

　こうした買い手を選ぶ基準として、米国では「（積極的な）レブロン基準」が採用されている。これは単純明快で、会社が「売りに出された（For Saleになった）」局面においては、上場企業の取締役が最も重視すべきは少数株主の利益であるため、非公開化に際して取締役会は原則的に最も高い価格の提案を採択すべきという基準であり、経営陣が最高額の買収提案を拒否することは原則的に許されないという、シンプルでわかりやすい価値観である。

　ただし、こうした積極的なレブロン基準が問答無用で「よし」となるとは限らない。米国では多くの企業買収において、提案者側の株価が下がる。支

配権プレミアムを最大限支払うからだ。それでも買収が行われるのは、利益成長を達成できなければさらに市場からの成長期待が下がり株価も長期的に低下するためだが、こうした最大額での買収が繰り返されることに本当に継続性があるのか、一抹の疑念は生じる。

　また、高い価格さえ提示できれば、その後の企業価値向上のプランを買い手が有していなくても、経営陣は反対の意思表明をすることすら基本的には認められていない。たとえば、PEファンドによる規律のないレバレッジをリターンの源泉とする買収により、非公開後にローン返済のために無謀な成長計画の実行を強いられ、結果として経営戦略に無理が生じるといったケースも考慮はされない。ほかにも、買収される企業において「買われるならここと統合したい」「ここと組みたい」といった意中の事業会社が存在してもおかしくないが、それらの事情もまったく加味されない。

　これに対して、日本においては現時点で積極的なレブロン基準は採択されておらず、非公開化の検討局面における取締役の法的な義務については、依然として必ずしも明確ではない部分がある。この点、我が国では米国のような積極的なレブロン義務は商慣習や企業文化の観点からは馴染まないため、「消極的なレブロン基準」を採択すべきとの主張もある。これは、上場企業の取締役会は、価格が最も高い買収提案であっても長期的な企業価値向上に資さないと判断すれば受け入れなくてもよいが、対象会社の取締役会は、その買収提案を受領した事実自体はきちんと公表・開示し、一般株主に十分な情報提供を行うべきであり、株主の同意を得ない買収防衛策などを通じて一般株主が株式を売却する機会を奪うことは許されないという考え方だ。現実的には、多くの買い手は対象会社の取締役会の同意がなければ買収に踏み切らないことから、「消極的なレブロン基準」の世界観では、取締役会が買い手の選択に対し一定の裁量を持つことになる。もっとも、取締役会の考えを株主に理解してもらうためには、その判断の根拠について一般株主への説明責任を果たすことが極めて重要であることはいうまでもないだろう。

真摯な買収提案とパッシブ機関投資家

　一般株主のなかでも特に重要なのが、パッシブ運用を中心とする機関投資家だ。アクティビストのターゲットとなっている企業であっても、その保有割合は最大でも２〜３割程度であり、彼らだけで株主提案を可決させるのは極めて困難だ。したがって、保有割合の大きなパッシブファンドがキャスティングボートを握ることになるケースが多い。

　ところが、企業にとってパッシブ投資家との対話は、アクティビストとの対話とはまた違った難しさがある。パッシブファンドを含め、機関投資家は投資先企業に対して真摯な対話と議決権行使を行うべし、というのがスチュワードシップ・コードの要請であるが、必ずしも全てのパッシブ投資家が発行体へのエンゲージメントに十分なリソースを割けているとは言い難いからだ。その背景の１つには、パッシブファンドの構造も存在する。パッシブファンドは、指数を構成する数十銘柄から数千銘柄に分散投資を行う。そのため、パッシブファンドとしては、１社１社に対する議決権行使がファンド全体のリターンに及ぼす影響は僅少であることから、個社の実情にあわせた議決権行使を行う十分なインセンティブを持たない。それどころか、仮にあるファンドがエンゲージメントにリソースを投下し、投資先の企業価値が向上したとしても、そのリターンは同じ指数を組み入れるライバルのパッシブファンドもフリーライド（ただ乗り）するかたちで享受するため、コストをかけた分だけ相対的に損をすることにもなりかねない。結果として、彼らはエンゲージメントを重視しなくなる、というのがパッシブファンドに対する大きな批判の１つだ。こうした見方には反論も多数あるものの、現実のエンゲージメント活動は、多くのパッシブファンドにおいて数千社にも及ぶ投資先について数人から数十人程度でカバーしているのが実情のようだ。

　これが平時であれば大きな問題にはならないかもしれない。だが、支配権争いが顕在化している状況は、企業の将来を不可逆的に左右する意思決定を迫られているという意味で究極的な有事といえる。そのような状況下では、

（多くの企業で議決権の数十パーセントを握る）パッシブ投資家と効果的な対話を行い、その支持を獲得することは不可欠だ。

パッシブ投資家側に構造的な問題が内在している点は否めないが、彼らが重視するポイントや判断基準をあらかじめ抑えておき、それを開示資料や対話に具体的に落とし込む努力を行えるかが極めて重要となる。パッシブ投資家が企業との対話を通じた価値向上を形式的ではなく実質的に行うことはアセットオーナーからの要請にもなっている。しっかりとしたエンゲージメントを行わないパッシブ投資家のフィーが下げられたり資金を引き揚げられたりするというプレッシャーが働いているのである。パッシブ投資家のなかには、保有資産の売却を巡って10回近く投資先のトップマネジメントと面談を重ねたり、リストラや海外事業の撤退などオペレーションの論点にまで踏み込んだ対話を長期間にわたり建設的に行ったりするなど、適切な熱意に満ちた運用者もいる。

それでは、買収提案が真摯なものであったとして、パッシブ機関投資家はどのように買収の検討プロセス、ひいては買収自体の是非を判断するのだろうか。また、仮に対象会社側がそれを謝絶した場合、彼らからの支持を得るためにはどうすればよいのだろうか。

この点は、各機関投資家の議決権行使基準も千差万別かつ曖昧であり、また、日本において支配権争いがプロキシーファイトに発展したケースも極めて少ないことから、現時点で一般解を導き出すことは難しい。だが、筆者が一部の機関投資家に向けてヒアリングを行った限りにおいては、対象企業側が買収提案を謝絶した際に示す「対案のプロセスと中身を重視する」という声が多数を占めた。

すなわち、（真摯な）買収提案を断るにあたっては、上場企業側はまず特別委員会での真摯な検討を経る必要があり、決して結論ありきの検討を行ってはならない。また、買収提案を断るのであれば、上場を維持する、ないし別の企業との資本提携・統合を行ったほうが中長期的な企業価値向上が実現され、株主が享受する価値（キャピタルゲイン及びインカムゲイン）も最大化されることを示す必要がある。

第3章　企業支配権市場における上場企業M&A　91

この対案の中身については、即時にプレミアムが支払われる代わりに中長期的なリターンは得られなくなる買収によるエグジットと、上場を維持した場合に得られる株主総利回り（株価上昇によるリターンと配当によるリターンの合計）を、真に公平に比較することは困難である。たとえば、マーケット全体が大きく下落した場合には、市場全体を上回るリターンを株主に提供できたとしても、株主にとっては即時に支配権プレミアムが支払われる非公開化のほうが得られるリターンが高い。反対にマーケットが大きく上昇すれば、市場全体に劣後するリターンであっても支配権プレミアムより高い利益を享受できる可能性が高い。そのため、計画の中身について絶対的な優劣をつけることは難しく、機関投資家をはじめとした一般株主は、結局は経営陣が適切なプロセスを経たのかという点を重視することになる。

不公正／不完全な買収提案を契機とするより優れた買収提案の提示

これまで数多くの事例をみてきたように、不公正な買収はアクティビストによる妨害を招き、株主構成次第では不成立となるリスクが大きい。一方で、他社が不公正もしくは不完全な買収を実施することが、より優れたプランを提示できる買い手候補にとって好機となるという事例もある。

2023年11月14日、エムスリーは１株1,600円でベネフィット・ワンへのTOBを実施し、連結子会社化を目指すと発表。それに対し、第一生命ホールディングス（第一生命）が価格・スキーム面でより優れた、１株1,800円（その後TOB価格を引き上げ）で完全子会社化を目指す対抗提案を公開した。ベネフィット・ワン及び同社の親会社のパソナグループは第一生命からの提案を精査し、受け入れた。

エムスリーによるTOBが行われていなければ、第一生命が同意なきTOBをいきなり実施していた可能性は低かったと考えられる。エムスリーによってベネフィット・ワンの買収価格・スキームがパブリックになったことで、より優れたプランを示せる第一生命にチャンスが生まれたのである（本事例の詳細は第４章で詳しく取り上げる）。2019年にはユニゾホールディングス

に対してHISが同意なき（敵対的）TOBを行い、その後アクティビストのエリオット・マネジメントが対抗TOBをかけるなどTOB合戦となった。その際にPEファンドのブラックストーンは、HIS経営陣の合意を得る前に、より高値でのTOBの実施予定をパブリックにしている。旧村上系及びオアシスが大量保有していた島忠においても、DCMホールディングスのTOBに対して、ニトリは事前に島忠の経営陣の同意を得ることなく、より高いTOB価格を世に打ち出したことで事後的に経営陣からの賛同を得た。

　焼津水産化学工業（焼津水産）は、業績・株価が低迷していたため、非公開化を通じた成長戦略についてPEファンドのJ-STARに打診し、MBOに発展した。しかしTOB価格は1,137円とPBR 1 倍水準の価格（1,663円）を大きく下回っていたことから、旧村上ファンド系と3Dが焼津水産株を買い上がり、株価が買付価格を上回った結果、TOBは不成立となった。その後焼津水産はいなば食品（非上場）から非公開化に関する提案を受け、焼津水産はこれに賛同。最終的にTOBは成立した（**図表3－9**）。

　これもまた、焼津水産がアクティビストの参入を招くような安値でのMBOを行っていなければ、いなば食品が買収候補となることもなかったはずである。安く買うための不公正とみられる買収が起きていれば、より優れたプランを示せる買い手としては対抗提案を行う恰好の機会になるともいえる。

＊　　　＊　　　＊

　このように上場企業に対しては、アクティビスト、PEファンド、敵対的事業会社がそれぞれの強み・ロジックに基づいて買収提案を行い支配権獲得を目指す可能性がある。機関投資家もその提案が十分なプレミアムを支払うものであれば賛同し、対象会社の経営陣が謝絶する際には適切なプロセスに従った検討を経たうえで、より優れたプランを示しているかを重視する。対象企業側はこうした要請に具体的にどう対処していくべきか、実践的なケーススタディを第4章において行っていく。

図表3−9　焼津水産化学工業（YSK）はMBOを試みたもののTOB価格がPBR１倍水準を大きく下回る安価なものであったことから複数のアクティビストファンドの介入を招き、一度MBOを断念

焼津水産化学工業の非公開化を巡る動向

経営陣とファンドによるPBR１倍水準を下回る価格でのTOBは、旧村上ファンド系と3Dの介入により失敗。いなばグループによるさらに高いTOBは成立

2023年5月22日	ナナホシマネジメントがDOE10％程度の配当を行うことをはじめとした株主提案を提出
8月4日 Ⓐ	J-STARがTOBを開始
9月 Ⓑ	旧村上ファンド系および3Dが相次いでYSK株を大量保有
10月19日	YJホールディングスのTOBが不成立に
2024年2月5日 Ⓒ	いなば食品の関連会社が株式TOBを開始
2月14日	3DがYSK株を買い増し
3月27日	いなば食品によるTOB成立

Ⓐ 焼津水産化学工業（YSK）の業績・株価は低迷していたが、J-STAR主導による再建の一環としてMBOが公表
　－TOB価格は1,137円とPBR１倍水準の価格（1,663円）を大きく下回る水準であった
　－従前より同社に株主提案を行っていたナナホシ・マネジメントは、TOB価格の低さや、価格決定プロセスの問題点などをキャンペーン

Ⓑ 旧村上ファンド系の南青山不動産とシンガポールに拠点を置くアクティビストの3Dインベストメントが、YSK株をそれぞれ10％程度保有
　－株価がTOB価格を上回って推移した結果、J-STARによるTOBは不成立に

Ⓒ いなば食品グループ主導による再度のTOBが実施
　－TOB価格は1,350円と、前回のTOBから価格は引き上がったもののPBR１倍水準には届いていない水準だった
　－3Dはいなば食品グループによるTOB実施のアナウンス後も買い増しを行っていたが、TOB価格は1,438円へ再度引き上げられ、最終的にTOBは成立

スキーム

アクティビスト介入前

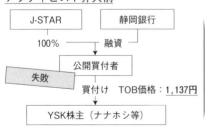

アクティビスト介入後

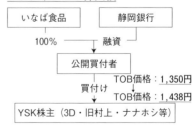

出典：QuestHub作成。

第 **4** 章

企業支配権市場と向き合う
企業の実践的対処法

上場企業は企業支配権市場に
どう接するべきか

　第4章では、アクティビストと事業会社からの「挟み撃ち」に遭うことが常態化していくと予想される上場企業の「実践的な対応法」についてみていこう。

　第2章で述べたように、アクティビストによる株式保有には、大量保有に至らないケースもあれば、買収によって100％取得に至るケースまで様々ある。また、そもそも非支配権介入型のアクティビストのほうが数としては多く存在する。支配権介入型アクティビストのうち、初期的なフェーズにあるものや、非支配権介入型アクティビストへの対応としては、まず対話により株主が何を求めているかを把握し、自社の変革において何を現実的に取り入れ、活かすことができるかについて検討し、実行していくことが一丁目一番地となる。**図表4－1**に、アクティビストとの対話やIR、企業価値向上計画を策定する際のポイントを記した。

▍確固たる企業価値向上プランを持つことが一丁目一番地

　企業支配権を巡る全ての攻防は、企業価値に始まり企業価値で終わるといっても過言ではない。同意なき買収提案の正当性を決めるのも企業価値向上に資するかどうかが決め手であり、アクティビストによる各種キャンペーンや経営陣の選解任を巡るプロキシーファイトも、突き詰めると「現在より企業価値を向上させる代替案アクション」であることではじめて他の株主からの賛同を集められるかどうかを左右する。

　そして、「企業価値」という用語についても、特に上場企業側を中心に幅広い解釈がみられることもあったが、「企業買収における行動指針」では、従来の指針等での考え方を踏襲するかたちで「会社の財産、収益力、安定性、効率性、成長力等株主の利益に資する会社の属性またはその程度をいい、概念的には、企業が将来にわたって生み出すキャッシュフローの割引現

図表4－1　企業価値向上計画の策定と、対話・IRにおいて「すべきこと」と「すべきではないこと」

すべきこと（Do's）		すべきではないこと（Don'ts）
・リアルな投資家・株主の期待を踏まえた企業価値向上に向けた現状分析を行う		・ファイナンス理論（例：CAPM）通り一遍な現状分析を行ってしまう
・どれだけのリスクをとるのか、成長と還元のバランスはどうするかといった論点を踏まえ「キャピタルアロケーションポリシー」を策定する		・闇雲な株主還元や、中身の詰まっていない成長戦略／投資計画を策定してしまう
・キャピタルアロケーションは経営課題であるため、早期から経営陣・取締役会を巻き込む		・IR担当者・経営企画がボトムアップに計画を策定し、経営陣・取締役は承認プロセスにしか登場しない（あるいはトップダウンで落ちてきた計画にチャレンジしない）
・これらを企業価値向上計画／中期経営計画に落とし込む		・開示資料には落とし込まれているものの、競合・顧客などの目を気にするあまり内容が不十分になってしまう
・「開示して終わり」ではなく、IR／SR／PR強化を同時に行う		・「開示して終わり」にとどまっており、株主が計画をしっかり評価できない

出典：QuestHub作成。

在価値の総和である」と定義されたことで、企業支配権を巡るシチュエーションにおいても統一された認識が保たれることとなった。

　上記の企業価値の定義は定量的に計算可能なもので、一見明瞭だ。しかし「どのような経営方針や意思決定が企業価値を最大化させるか」という論点になると途端に簡単な問題ではなくなる。企業の将来業績は外部環境や競争環境などによって複雑に影響され、最適な経営方針もその時々で移り変わりうる。

　しかし、だからこそ、上場企業の経営陣は自らの企業価値向上プランを持

ち最終的なジャッジを行う株主に説得的に示すことが重要となる。

実践的な企業価値向上プラン策定・開示の
ポイント

　ここでの企業価値向上プランとは、東証の「資本コストや株価を意識した経営の実現に向けた対応」を踏まえた中期経営計画であり、また買収提案受領時に買収提案との比較検討の対象となる「現経営陣が経営する場合の企業価値向上策」である。企業価値向上プランの策定・開示は、まず内部向けの詳細な企業価値向上プランを策定し、それを統合するかたちで投資家向けの開示資料にするという2ステップで進めることが望ましい。ここでは、当社が策定を支援させていただいたテクノスマートの中期経営計画を企業価値向上プラン策定・開示の事例として紹介したい。ポイントは、①事業環境分析を踏まえた事業計画（PL計画）の開示・策定、②資本コストを踏まえたキャピタルアロケーション計画（BS・CF計画）の開示・策定の大きく2つである。

①　企業価値向上プランの策定においては、まず事業環境について分析し、外部環境の把握と自社の強み弱みを整理することから始まる。企業価値向上のためのドライバーとなりうる事業領域を見出す必要があり、そのため事業環境についての分析粒度としては、事業ごとに実施することが望ましい。次に、各事業部が作成している事業計画に関して、統合し全社の事業計画としていく。この段階で、事業環境分析で得られた各種示唆を織り込む必要がある。具体的には、各事業部作成の事業計画に関して、過度に保守的・楽観的ではないのかという判断を行う、すなわち、事業環境分析を踏まえながら、事業計画の前提となったKPIについて事業部との対話を進め、必要に応じて事業部に計画の修正、またはトップダウンで事業計画についてディスカウントまたはストレッチをする必要がある。全社の事業計画へ統合するうえでポイントとなるのは、全社の業績を率いる要因、すな

わち成長ドライバーとなる事業または業界動向、顧客動向を定量的に把握することである。自社の成長ドライバーを定量的に把握することが説得的なIRにおいては必要であり、また買収提案を受領した場合の当該提案との企業価値向上のうえでの比較検討において、現経営陣が経営する場合の優位性の１つとなるためだ。

　開示における該当ポイントに関しては、テクノスマートの第３次中期経営計画をみていこう。テクノスマートも、まず内部向けの200ページほどの中期経営計画を策定し、そのなかで競合他社や仕入先・顧客等に把握されてしまうと競争上問題がある部分を捨象した。投資家にとってわかりやすいストーリーを持つ開示資料を目指し、テクノスマートの中期経営計画では前提となる事業環境について明示している（**図表４－２**）。事業環境を踏まえて、どういった事業領域が成長ドライバーになりうるかを示すことで、会社の業績目標の蓋然性を示すことができる。加えて、これは多くの企業の中期経営計画の開示で忘れられている点であり特にアナリストカバレッジが薄い企業で有効なものであるが、そもそもの会社の事業概要やビジネスフローを示すことで、投資家との議論の前提を一致させることができる。

② 　キャピタルアロケーション計画においては、「リスクの見極め」「適切なリスクを取った成長投資」「資本効率改善のための株主還元」の３つがポイントである（**図表４－３**）。

　まず、事業計画をもとにした営業キャッシュフローに加えて、余剰現預金と土地や投資有価証券などの非事業用資産の売却によりキャピタルアロケーションの原資となる部分はどの程度あるかを把握する必要がある。特に、余剰現預金や非事業用資産は、市況への依存度が高い収益構造の企業の場合などは事業リスクの顕在化の備えとして保有している場合もあるだろう。一方で、これらの保有により資本効率が悪化してしまうことが多い。このような場合、想定される事業リスクが顕在化した際のキャッシュフローのシミュレーションを実施し、同時に余剰現預金を解消・非事業用資産を売却した場合のROEやROICへの感応度分析を実施することによ

図表 4 − 2　企業価値向上プランにおける事業概要や事業環境の開示事例

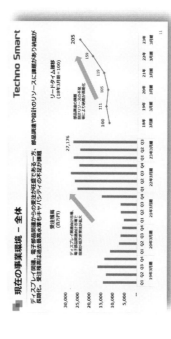

出典：株式会社テクノスマート「第 3 次中期経営計画」4、8、11 頁より QuestHub 作成。

図表4-3 キャピタルアロケーションの全体観

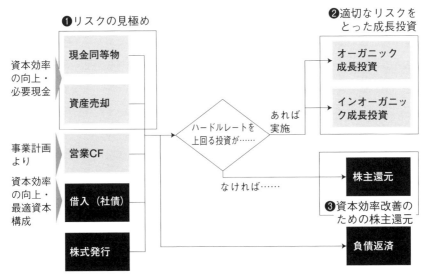

出典：QuestHub作成

り、定量的に「リスクの見極め」をすることで、資本効率とのトレードオフについて意思決定することが望ましい。

次に、上記事業計画の達成に必要な投資（オーガニック成長投資）計画の内容を精査する必要がある。精査においては、該当投資を実施した場合のリターンがハードルレートを上回るかという観点で検証する必要がある。オーガニック成長投資であれば、事業リスクと資本構成が大きく変化しないという前提を置くことには特段問題がないと考えられるため、現在の資本コスト（WACC）をハードルレートとするのがよい。他方で、複数の事業領域にまたがっている場合やM&Aを含めた新規事業領域での投資（インオーガニック成長投資）は各事業における事業リスクを踏まえた資本コストをハードルレートに用いる必要がある。

なお、ハードルレートついては資本コストに＋2～4％のバッファーを設ける場合もあるが、過度にハードルレートを上げることにより投資機会を失う恐れがあるため、リスクシナリオについては投資リターンの計画に

織り込むことが望ましい。

　最後に、株主還元方針を考える必要がある。配当と自社株買いの2つの選択肢が存在し、投資家・株主からは企業が資本コストを上回る投資を行うようにみえない場合は株主還元が求められる。株主還元が株価を上昇させるのかは諸条件により異なるが、「資本効率の改善のための株主還元」を示すことは市場からの信頼獲得に大きく貢献する。昨今は、DOE（純資産配当率）を導入する企業が増加している。たしかに、DOEは減配を避け増配基調にできる点で有効ではあるが、大きな投資機会に機動的に資本を配分することが難しくなるなどデメリットもある。このように株主還元方針は一長一短があるため、企業ごとの事業特性やライフステージにあわせて取り入れる必要がある。

　テクノスマートは市況の依存性が高いため、現預金事業運営に必要な現預金水準を固定費と運転資金の変動見通しから策定し、その水準を踏まえて余剰現預金と中期経営計画期間における営業キャッシュフロー見通しからキャピタルアロケーションの原資を策定した。そして、運転資金・配当金・成長投資・M&Aまたは自己株買いに機動的に配分するとした（**図表4－4**）。

こうした経営変革プランの策定と開示に関しては、執行とアドバイザーを中心とする委員会（テクノスマートにおいては「企業価値向上委員会」）を設置し、企業価値向上に関する各論点（成長戦略、キャピタルアロケーション、IR/SR、事業ポートフォリオ、ガバナンス、株主構成最適化）に特化したワーキンググループ（以下「WG」）で検討を行う体制が有効だ。そして、各WGでは企業価値向上に向けた論点を網羅的・有機的に解いていく必要がある。まず、全体として目指す短期的／中長期的な目標（売上・利益・時価総額・PBR）は何かを整理し、成長戦略WGにおいてその目標を達成するためのエクイティストーリーを策定した。その土台となる会社独自の強みを特定し、地域・製品軸の売上・利益と、その実現に必要な投資計画を策定する。こうしたオーガニックの成長戦略に基づき、キャピタルアロケーションWGにおいては当社の正しい資本コストはどの程度で、それを踏まえた最適

図表4-4 「成長に必要な十分な投資」と「株主を満足させることができる株主還元」の両立を成し遂げるキャピタルアロケーション計画の開示事例

出典：株式会社テクノスマート「第3次中期経営計画」21、22、23頁よりQuestHub作成。

第4章 企業支配権市場と向き合う企業の実践的対処法 103

なバランスシートはどのようなものかを分析するとともに、成長戦略WGが策定した目標と現時点での乖離を埋めるためのM&A施策を短期／中長期的に検討する。最適なバランスシートとM&A戦略の検討から逆算するかたちで、あるべき株主還元余地はどの程度かを特定する。

IR/SR WGにおいては、これまでのWGを統括するとどのような企業価値向上計画になるかを内部向けに整理したうえで、投資家が当社の株式を保有したくなるような開示資料はどのようなものかを検討し、実際の資料に落とし込む。

以上がWGにおける活動の概要だ。多くの企業ではPBRの向上が大きな課題となっているので、この点についても詳しくみていこう（**図表４－５**）。

大前提として、株価はマーケットの動向に大きく左右されるので、PBRは企業努力で全てコントロールできるわけではないが、PBRに密接に影響する要素であるROEは、資本効率の改善により企業自らが動かせるレバーである。

まずは現在の成長戦略をしっかりと実行できることを市場に理解してもら

図表４－５　PBR向上のために、成長と分配のバランスをとりながら、どこまでのリスクをとり、どの程度のPBRやROEを目指すのかをシミュレーションし中計に落とし込む必要

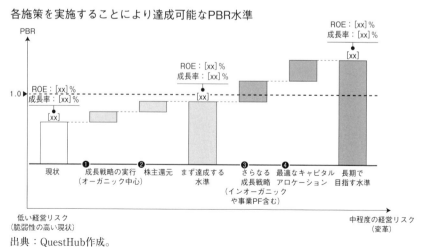

出典：QuestHub作成。

う、また株主還元を積極的にするのが**図表4－5**における①と②であり、これらが全体のなかの第1段階に当たる。③と④の第2段階においては、大規模な設備投資、M&Aや新規事業を含むインオーガニック成長施策の実行と非事業用資産の段階的な売却、事業ポートフォリオ最適化を含む最適なキャピタルアロケーションを実施することでPBRの向上及び向上した状態の持続を図る。

　この際に重要なのが、とれる経営リスクのレベルによって、どこまでの施策を実施するのかを擦り合わせていくことである。経営陣がどこまでがとれる経営リスクなのかを判断し、アドバイザーはそのリスクテイクがどう株主価値に寄与するのかを提案する。たとえば、株主還元やインオーガニック成長投資のためにどこまでの現金が使えるのか、つまり最低現預金水準はどこなのかという点は、アドバイザーより企業側が理解している。逆に、そのキャッシュをどこに、どのタイミングで投じれば株主価値の向上につながるかという点はアドバイザーに知見があり、腕の見せ所といえるだろう。

企業価値向上プランと「資本コストを意識した経営」

　東京証券取引所が2023年3月にプライム市場及びスタンダード市場の全上場企業に「資本コストや株価を意識した経営」を要請したことを受けて、自社の資本コストを開示する企業が増加した。こうした取り組み自体は望ましいものの、会社側が算出した資本コストが投資家の実感と乖離する水準であった事例や、ファイナンス理論を通り一遍に当てはめただけの現状分析にとどまる事例なども散見された。この点、資本コストは特定のアプローチにより一意に定まるものではなく、同業他社との比較や投資家との対話の結果も踏まえ、おおよその水準感を正しく把握することが自社分析の前提となる。

　また、適切な資本配分が行われているかという点は投資家にとって大きな

関心事であり、昨今はキャピタルアロケーション方針を開示する上場企業も多い。特にキャッシュリッチ企業であれば、手元現預金の水準の考え方についても、開示資料や投資家との対話のなかで明示することが望ましい。加えて、成長投資への分配について、資本規律を欠いた投資計画は後述のケーススタディが示すように、株主からの信任を失う可能性が高い。資本規律の有無はガバナンスの良し悪しに直結する問題だからである。経営計画の背後にある意思決定プロセスやストーリーについて、投資家と共通の言語でコミュニケーションを行い、長期的な信頼関係を構築する必要がある。

　具体的な開示資料への落とし込みの段階においては、自社のビジネスモデルと事業環境からしっかりと伝えることが肝要だ。機関投資家は、その投資スタイルにもよるものの、通常は数百社から数千社の投資候補企業のなかから、決算短信や決算説明資料、中期経営計画等のIR資料をみて関心を持った会社に対しIR面談を実施し、投資判断を下す。したがって、とりわけアナリスト・カバレッジのない中小型企業であれば、一連の投資判断プロセスの入り口であるIR資料の重要性は高い。

　もっとも、充実したIR資料とは、単に情報が多いことではない。投資家が真に知りたいのは、自社が提供している価値や競合企業に対する優位性、将来の見通しやエクイティストーリーであり、主に後者をリサーチすることを目的に面談を申し込み、担当者と議論を交わす。したがって、その手前となるIR資料を通じて、議論の前提となるビジネスモデルと事業環境を投資家に認知してもらうことが望ましい。

　肝要なのは、投資家との対話を踏まえた適切な現状分析に基づく成長と還元の最適なバランスを模索するキャピタルアロケーションポリシーの策定と、その適切な開示・発信であり、闇雲に株主還元だけを行えばいいというものではない。そうした姿勢はかえってアクティビストから「信任を得るための場当たり的な計画策定であり、ベストなものではない」という誹りを受ける材料を与えることになる。そのうえ、株主以外のステークホルダーにとっても望ましくないものとなる。

　東証は、2024年2月1日に「投資者の視点を踏まえた「資本コストや株価

を意識した経営」のポイントと事例の公表について」（以下「東証資料」）と題して、29社の上場企業（うち3社がスタンダード上場企業、26社がプライム上場企業）を好事例として取り上げた。評価項目は、3つの大項目・10の小項目からなる。

　前述のテクノスマートはⅠの全3項目及びⅡ①に関して評価を受けた。その他の6項目について特に重要と思われる点について概観する。

Ⅱ　②資本コストを低減させるという意識を持つ

　東証資料によれば、開示情報の充実（サステナビリティーに関する取り組み・開示の充実やガバナンス強化もここに含まれる）や投資家との効果的な対話（IRの充実）により情報の非対称性を逓減させることが資本コストを低下させる要因になるとされる。これに加え、資本コストを上回らない不採算事業の切り出しや、脱炭素事業への集中など、事業ポートフォリオ再編の方向性の打ち出し・実施により、会社全体の資本コストを下げようとする取り組みが評価される。

Ⅱ　③中長期的な企業価値向上のインセンティブとなる役員報酬制度の設計を行う

　東証資料によれば、中長期的な企業価値向上の実現に向けて、経営者・マネジメント層・一般社員が業績達成・価値向上に紐づく健全なインセンティブを有するように報酬制度を設計することが期待されている。好事例として取り上げられたラクスルは、2023年に創業者であり個人筆頭株主でもある松本恭攝氏がCEOを退き取締役会長に就任し、新規事業に主に集中することとなり、証券会社からPEファンド、事業会社を経て同社CFOに就任し、上場にも携わった永見世央氏が代表取締役社長CEOに就任することとなった。2024年時点で時価総額700億円弱程度の同社において、将来的に時価総額1兆円以上を達成することが目標として設定され、永見氏にはいわゆる「雇われ経営者」ではなく「創業者」となるためのインセンティブが施された。

　具体的には、金銭報酬を一般的な上場企業経営者の水準より低くする一方で、株式報酬と業績連動型株式報酬を組み合わせ、10年で時価総額1兆円以上を達成した際に最大300億円程度の報酬が支払われる設計となった。株式

報酬はストックオプションの発行を伴い、一定のPL負担と潜在的な希薄化のリスクを負うこととなるが、高い業績目標を達成し時価総額１兆円に到達すれば、それらの負担を十分に補ってあまりある計算である。

　ラクスルは2009年に創業され2018年に上場したばかりのスタートアップ企業だが、このようなインセンティブ設計は、そのまま適用することは難しいとしても、創業年数の古い企業やラージキャップ企業であっても参考になる点がある。たとえば、時価総額1,000億円の伝統的企業の価値向上を達成し、時価総額を2,000億円にすることは、ユニコーン企業１社を創出することと同じ価値を創出したといえる。創業リスクの有無を加味すると、まったく同じアップサイドを有するべきとまではいわないが、投資家からすればスタートアップ企業も伝統的企業も同じ投資先候補の１つであり、株主価値向上・最大化に十分なインセンティブを有する取締役会と執行が求められる。

　海外では、たとえば2019年から2023年までの４年間にわたってテスラのCFOを務めたザッカリー・カークホーン氏は、株式連動報酬とストックオプションで５億9,000万ドルの報酬を受け取っている。企業支配権市場の文脈においては、買収提案を受け入れるよりもスタンドアローンでの経営のほうが中長期的な価値最大化に資することを主張する際に、その計画達成のインセンティブ（ないし達成できなかった際の実質的な罰則）を経営陣やアドバイザーが適切に有することも必要である。そうでなければ買収者を退けるために過度に野心的な事業計画を設計した当人たちが責任をとらない、というモラルハザードが生じうるためである。

Ⅲ　株主・投資者との対話
　①　経営陣・取締役会が主体的かつ積極的に関与する
　②　株主・投資者の属性に応じたアプローチを行う
　③　対話の実施状況を開示し、さらなるエンゲージメントにつなげる

　東証資料によれば、投資家の多くが上場企業の経営陣に対話内容が伝わっていないと感じている。実際にパッシブ投資家の議決権行使・エンゲージメント担当者も「どうすれば投資家としての要請に企業がもっと耳を傾け、アクションにつなげてもらえるのか」に悩んでいることが多い。株価向上に強

いインセンティブを有するグロース企業の大株主オーナー経営者は自らIR面談に臨むことも多いが、成熟企業においてはこうしたことはまれになりがちである。しかし、投資家の多くはトップマネジメントとの直接対話を望んでおり、特に長期保有を行うロングオンリーの投資家は、現在のトップマネジメントが長期間にわたり経営を任せるに値するか否かという観点を投資を行ううえで最大の判断材料にしていることも多い。

たとえば、運用総額が30兆円を超え、欧州最大の日本株投資家の1つであるベイリーギフォードは、リクルートホールディングスやエムスリー、SMCなど強固な需要と参入障壁があるビジネスを有する厳選した企業に対して、場合によっては10年以上の投資を行う長期投資家として知られている。

経営を監督する立場にある社外取締役についても、投資家との対話に積極的に参加することが求められる。とりわけアクティビストは、投資先企業の社外取締役に対してアプローチを行い、買収提案に関するプロセスや執行に関する評価について厳しく指摘を行うケースが増えており、アクティビストとしっかりと対話できる社外取締役の重要性は増している。資本市場を知悉した社外取締役がいることで、社外取締役の能力と独立性、監督機能などについてアクティビストからの信頼を勝ち取ることができ、結果として活動を鎮静化させることに成功したケースもある。株主との対話に消極的あるいは資本市場と向き合うため知見と能力に欠けているとみなされると、株主提案を通じて新たな社外取締役の選任が図られる可能性が高まるわけである。アクティビスト以外の投資家としても、株主の利益を代表し経営を監督できる立場にある社外取締役は重要であり、対話を通じてその資質を示す・引き上げることは肝要である。

CFO（Chief Financial Officer）の役割もいま一度アップデートされる必要がある。伝統的なCFOの役割としては2段階あり、1段階目がいわゆる管理部長・経理部長として企業を財務面から管理するというもの。2段階目は、主に財務の観点から経営戦略の策定そのものに携わり、それに基づき機動的な資金調達を行うというものだ。日本ではこれまで前者にとどまるケー

スが多かったが、スタートアップから上場する企業などは投資銀行やPEファンドのバックグラウンドを有する後者のCFOを擁するケースも増えてきている。

米国におけるCFOは、CEOやCOOと並んで戦略の根幹そのものに関わることが当たり前であるという言説も存在する。これに加え、市場・投資家と常に対話し経営戦略・財務戦略にフィードバックすることも今後のCFOの役割として重要性が高まっていくことが考えられる。

一時経営難に陥った日立製作所は、一時20社以上あった子会社の上場を全て解消し、ノンコア事業の売却で得た資金を原資にグローバルロジックの巨額買収に代表される「聖域なき事業ポートフォリオ改革」に取り組んだ結果、2024年9月現在の時価総額は16兆円を上回っている。同社ではCEOと並んでCFOが重要な役割を果たしたとみられ、コングロマリット・ディスカウントに陥っていた当時の事業ポートフォリオへの批判や要望を活かしたことが価値向上につながった。

V字回復を遂げたソニーグループにおいても、吉田憲一朗氏はCEO就任前にCFOを務めていた。特にソニーはアクティビストのサードポイントより複数回にわたってコングロマリット・ディスカウントの解消を要請されていたが、適切に対話し、カウンタープランを示し実行することで価値向上につなげてきた。

アクティビストの投資対象となる日本の割安バリュー株企業には、アクティビストのみならず世界中の日本株投資家が関心を高めている。そのような企業においてはM&Aや増資などの資金ニーズが希薄であることも多い。バリュー株ではないが、無借金経営に関する最も有名な企業といえるのは、バリューアクトが一時2％以上を保有していた任天堂だろう。実質的な無借金経営を貫いている同社においては、業績の波が大きい事業体質のなかでも機動的な資金調達が必要となる事態を避けられる高いキャッシュ水準を維持してきた。他方で、任天堂には過去にマイクロソフトが買収提案を行うことを検討したこともあったようだ。バリューアクトをはじめとしたアクティビストからビジネスモデルの転換を含むエンゲージメントを受けることで、今

後、任天堂も企業支配権市場に組み込まれる可能性があり、市場との対話を戦略に活かすCFOの存在が求められる。

ウォーレン・バフェット氏が8％強の株式を保有する三菱商事は、2023年に株主・投資家との対話を強化する目的としてCSEO（Chief Stakeholder Engagement Officer）を新設し、PR・IR・SRとサステナビリティーを管掌し部門横断的な社内体制を構築している。バフェット氏によるエンゲージメントの成果かは定かではないが、同社は2024年2月に純利益の94％に達する約8,900億円の株主還元を発表し、同社株は発表翌日に10％程度上昇した。

このように東証の要請に多かれ少なかれ応え、これまで投資家向けの開示にまったく積極的でなかった企業にも新たな動きがみられるようになった。なかには「マイナスがゼロになった」だけという指摘や、中長期的な成長プランは提示されず還元の示唆・実行がされただけの企業も多いという批判もあるものの、とりわけアクティビストが保有する銘柄の大半においては、大なり小なり株価が上昇することとなった。

実際に買収提案を受けたらどう動くべきか

ここまで土台となる企業価値向上プランについてみてきたが、そこから議論を進めて、具体的なシチュエーションにおける対応策についてみていこう。まずは、経営陣が求めていない状況で買収提案を受けた場合について解説する。

スタートで重要なのが、適切なプロセスを踏むことである。同意なき買収が表沙汰になるときは、結論として同意ある買収になった場合か、買収を仕掛ける側が情報をオープンにしてきた場合である。問題となるのは後者であり、株主からの「現経営陣に不都合な買収提案を握りつぶそうとしたのではないか」という疑問を投げかけられることとなる。その際に潔白を証明するために必要となるのが、プロセスのなかに公正性・客観性を担保することだ。

第4章　企業支配権市場と向き合う企業の実践的対処法　111

では、適切なプロセスとはどのようなものか。

「企業買収における行動指針」のなかでは「真摯な検討」の内実については抽象的に規定されているにすぎず、企業側は個別具体的な局面に応じて適切な判断と対応が求められる。

ここでは、参考となる事例として、①AZ-COM丸和ホールディングス（以下「丸和」）による同意なきTOBを受けたC&Fロジホールディングス（以下「C&F」）の事例、②YFOから買収提案を受けた東洋建設の事例、③旧村上ファンド系から同意なきTOBを受けた芝浦機械の事例を取り上げたい（①については、当社がC&F側のファイナンシャル・アドバイザーを務めていた事例であるが、あくまで公開情報に基づく範囲でのケーススタディである点にはご留意いただきたい）。

①　C&Fの事例

本件が「同意なきTOB案件」となった発端は、2024年3月21日に丸和がC&Fに対して予告なくTOB開始予定を公表したことだ。この時点ですでに経営方針やシナジーだけでなく、公開買付価格（3,000円）と5月上旬から6月中旬までというTOBスケジュールまで明確に示されていた。さらに、仮に取締役会及び特別委員会からの賛同を得られない場合であってもTOBを行うことが予告されていた。

それを受け、C&Fは4月1日に特別委員会を組成するとともに、「丸和の提案に対する真摯な検討」「積極的なマーケット・チェックの実施」「（丸和への打診を含む）デュー・デリジェンスの受け入れ」を通した検討を推進した。

具体的な検討事項は多岐にわたるが、特にポイントとなったのはマーケット・チェックだ。丸和からの提案受領以降、複数の主体（4月9日時点で9社）から買収についての関心を受領していたことを背景に、積極的なマーケット・チェックとして意向表明書の提出を依頼し、4社に対してデュー・デリジェンスのプロセスへ招聘した。丸和がTOBの開始を開示した5月1日には4社からのバインディングオファー（法的拘束力のある提案書）を受領するに至った。そして、5月9日には提案価格（5,740円）が最も高く、

企業価値向上の観点でも優れた提案であったSGホールディングス（以下「SG」）の提案を対抗提案の候補者として選定した。その後、追加的なデュー・デリジェンスの実施と価格面を含めた各種条件の協議・交渉を経て、5月31日には正式にSGに対するTOBに賛同意見・応募推奨を表明、丸和によるTOBに反対意見を表明することを決議した。

その後、6月6日には丸和がTOB価格を引き上げないことを公表。そのまま7月13日にはSGのTOBが成立した。結果として、「友好的」かつ「企業価値向上に資するパートナー」かつ「優位性のあるTOB価格」という3つが揃ったかたちで着地することができた。

同意なきTOBに対する対応事例として本件をみた際の最大のポイントは、初動において「各社の提案や施策を「結論ありき」ではないかたちでフェアに比較し、関係者全員が納得できる選択肢を検討する」という姿勢を確立し、それを客観的に示すことができる体制とプロセス設計を構築した点だといえる。

同意なきTOB対応は極めて短い時間軸で結論を出すことが求められるため、内部的な方針の右往左往や一般株主を中心としたステークホルダーからの理解を得られない独善的な検討は致命傷となりうる。本件では、最初の予告からTOB実施まで2カ月弱、予告時点で示されていたTOB最終日まで3カ月弱という短い期間で結論を出す必要があった。当然ながら、本件は対抗提案を行う主体にとっても、巨額の費用を要する投資であり、一朝一夕に決定することはできない。そのため、可能な限りムダのないプロセス設計を構築することで時間的猶予を確保することが重要となる。

また、速やかに適切な検討方針を定められた背景には、有事に至る前の取り組みがある。C&Fは従来、「企業価値の向上に資するあらゆる取り組み、事象の協議・共有を実施」する主体として「価値共創委員会」を設置・運営していた。平時から企業価値を基準とし、それに対する事象を無限定に協議する取り組みを行っていたことが、有事においても社内の目線を一致させることができた1つの要因だったといえる。

② 東洋建設の事例

2023年時点で、東洋建設はYFOから1株1,000円での買収提案を受けていたと同時に、市場内買付けにより株式の20％以上をYFOに保有されていた。2023年の定時株主総会では、YFOは同社が買収提案を真摯に検討していないなどとガバナンス体制を批判し、新たな取締役候補者の選任を求める株主提案を実施。これに対し、東洋建設側は新たな中期経営計画の発表などを実施した。最終的に一部株主提案は可決されたものの、いずれの候補者も賛成率は49〜55％と極めて接戦だった。最終的に30％近い議決権を保有されていたにもかかわらず東洋建設がある程度善戦できた背景の1つには、発表した新中計が国内機関投資家を中心に高評価されたことがある。たとえば三井住友DSアセットマネジメントは、「新中計では資本効率重視のKPIも設定し資本市場からの要請にも応える姿勢をみせている」ことを理由に、会社提案には全員賛成し、株主提案には全員反対という議決権行使を行った。

その後、2023年9月には、YFOは提案価格を1株1,225円へと引き上げる意向をみせた。これを受け東洋建設側は、全面的なデューデリジェンスではなく、合理的な必要な範囲として、同社の企業価値向上策について定量的に評価可能な程度の具体化に資する事業のデューデリジェンス（ビジネス・デューデリジェンス）に応じることとした。その後、YFOからは企業価値向上策及び金融機関からの融資関心証明書が提出され、企業価値向上策の内容について会社側とYFOの間で面談及び質疑応答が実施された。

これらの検討を踏まえ、2023年12月14日に同社特別委員会は、取締役会に対しTOBに対して反対意見表明を推奨する旨の答申を行った。その理由として、本提案がYFOによるスクイーズアウトを伴うものであることから、取引手法の公正性・妥当性は基本的に認めつつも、取引条件の観点から一般株主の利益に資するものではないとした。具体的には、同社中期経営計画とYFOによる企業価値向上策の定量的比較において、企業価値（事業価値）の観点で、前者が後者を相当程度上回っていると判断した点、とりわけYFOによる企業価値向上策はビジネス・デューデリジェンスや面談・質疑応答を経た後も十分な具体化がされているとは言い難かった点、YFOによ

り非公開化されることによる事業への悪影響に対する懸念に対してYFO側から説得的な説明が得られなかった点、YFOが十分なトラックレコードを有しているとは認められなかった点、TOB価格も提案公表日時点の株価水準に対して十分なプレミアムが付されたものではなかった点などを根拠としていた。これを受け同日、取締役会はTOBに対して反対意見を表明した（なお、東洋建設は、仮にYFOが同社取締役会の賛同を得ないままTOBを開始した場合でも、原則として買収防衛策を導入・発動する等して、同社株主による株式売却の機会を不当に妨げることは行わない旨を意見表明のなかでも明記している）。結果、YFOはTOBを断念し、透明性のあるプロセスと経営計画プランが買収の成否を握る事例となった。また、本件は、十分なトラックレコードを有しない主体や、資金調達ができない主体が買収を行う際には、いかに高い価格を提示したとしても経営計画が優れていなければ対象会社経営陣の賛同が得られないということを示した。

　こうした一連のプロセスは、アクティビストからも評価を受けている。あるアクティビストファンドの代表によれば、「東洋建設のような状態になった企業は提案者から適切な範囲でデューデリジェンスを受けたうえで、提示された買収プランより優れていると信じる経営計画を打ち出し、買収提案を謝絶したほうが将来の株主価値を高められると考える根拠をきちんと株主に対して開示して信を問う分には問題がない」という。求められているのはやはり透明性のあるプロセス・開示と経営プランである。

③　芝浦機械の事例

　また、「企業買収における行動指針」策定以前のケースだが、プロキシーファイトの局面で経営変革プランが最も有効に機能した事例として芝浦機械の対応があげられる。2020年1月、芝浦機械に対して旧村上ファンド系は43.8％を上限とするTOBを発表。同時に、非活用資産の整理を通じたROEの改善を要求した。これに対して会社側は3月27日に株主意思確認総会を開催し、買収防衛策の発動を諮ることを2月12日に決定した。当時、いわゆる有事型の買収防衛策について前例がほとんどなかったこと、TOB価格のプレミアムが十分に高かったことから、多くの機関投資家が買収防衛策発動に

反対するとみられていた。

しかしながら、同社が2月4日に発表した「新生芝浦機械に向けた経営改革プラン」は、希望退職の実施と株主還元強化を含めた全社的な経営改革を掲げると同時に、社外取締役のみにより構成される組織で継続的に経営をモニタリングしていくことを約束するという非常に積極的な内容となった。結果、議決権行使助言会社のISSらの賛成推奨を獲得し、買収防衛策発動の議案は僅差で可決された。なお、その後に旧村上ファンド系が撤退した後の芝浦機械は経営変革プランの進捗を積極的に開示しており、定時株主総会では、取締役選任決議案の賛成率は高水準で推移している。

買収防衛策や持ち合いによる対策は時代遅れ？

第二次安倍政権下においてコーポレートガバナンス・コード、スチュワードシップ・コードが制定されると、機関投資家による目も格段と厳しくなったこともあり、平時型買収防衛策は廃止が相次いだ。

一方で、企業支配権に影響を及ぼすような大規模な株式の取得や強圧性を伴うような買収提案が現実のものとなった際に導入・発動する有事導入型の買収防衛策を導入するケースが近年は増加している。その性質上、濫用的な買収者による買い増しや部分買付けに対しては適用が可能だが、真摯に企業価値向上の提案を投げかけてくるアクティビストや、100％買収の提案を行うアクティビスト及び事業会社に対しては、他のより優れた買収プランや、資本提携以外での独自の企業価値向上・経営変革プランと比較検討する時間を得る目的でしか正当化されない。

特定株主が急速に株式を買い集め株主提案が行われた場合は、仮にそれが株主価値の毀損を招くものであっても可決される恐れがある。株主価値の毀損はアクティビスト側にもダメージが及ぶが、短期的な売り抜けや企業支配そのものを目的としている場合などではそうした行動がとられうる。

さらにいえば、急速な買い集めが発覚した時点で、株主価値の毀損を懸念した一般投資家は株式を売却してしまうため、後からの対処は困難だ。上場している以上、原則として売買は自由ではあるが、株主価値の毀損が懸念さ

れる場合は買収防衛策の導入が必要となる。なお、特殊な場合を除けば、基本的にこうした急速な買い集めが行われるのは株価が低迷しているケースがほとんどである。

　株主との関係性が極度に敵対的になり、市場内の大量買付行為や同意なきTOBに発展する、またはしうる場合、有事型買収防衛策の導入の検討が選択肢としてあげられる。他方で、買収防衛策は株主構成や議決権行使助言会社のスタンスによって否決されたり、あるいは差止請求を受けてしまったりするリスクもある。

　そのためどのような状況で、どのような有事型買収防衛策であれば認められるのかを把握しておく必要がある。

　近年の有事型買収防衛策の導入事例（東芝機械、日本アジアグループ、富士興産、東京機械製作所）を紐解くと、その制度設計はある程度、定式化されている。すなわち、①独立委員会の勧告のみでなく株主総会における意思確認（普通決議で足りる）が必要であり、②有事型買収防衛策が(a)支配権争いの状況下において、(b)株主に判断のための時間と情報を与えるものであり、(c)単に敵対株主の持ち株比率の低下を狙ったものではないもの。言い換えると、本質的には会社の利益ひいては株主の共同の利益に資するものである。そのためには、①と②の形式的な要件のみならず、会社側の買収防衛策が敵対的株主よりも株主価値を向上させるプランであることを示す必要がある。

　また、第3章でもふれたとおり、近年はいわゆる「MoM（マジョリティ・オブ・マイノリティ）」と呼ばれる採決方法が注目されており、東京機械製作所やコスモHDにおいて用いられた（おさらいになるがMoMとは、とりわけ強圧性が大きい態様の買収や大規模買付けに際して、買収防衛策の是非に関する株主の意思確認について、買収者などの利害関係者を除外し、一般株主のみによる採決を行うことを指す）。

　単に「特定の株主による経営支配権の取得」に伴い会社の企業価値が棄損されるのではなく、「（買収者ら以外の）株主らが（対象会社）株式の買付行為について適切な判断を下すための十分な情報と時間を確保できないこと」

により企業価値が毀損されることを防ぐことを目的とする。たとえば、東京機械製作所の事案では、①敵対株主が、市場内取引により、買付期間・価格及び予定数等を明らかにしないまま、2021年6月9日から9月10日までの間に保有割合にして39.94％を保有するに至ったこと、②その間敵対株主が経営方針や事業計画を明らかにせず、東京機械製作所の非公開化は考えていないことを表明したことから、強圧的であるとの認定がなされた。

　有事型買収防衛策の導入を検討する場合、これらの論点について前もって入念に精査する必要がある。敵対株主も当然、会社との対話のなかでこれらの要件に当てはまらないよう材料を組み立ててくるからだ。

　買収防衛策の導入以外では、持ち合いや資本提携によって安定株主を増やすことにより買収提案を通しにくくする対抗措置もかつては存在したが、こちらについても株主価値向上に資するもの以外は正当化されなくなってきている。単純な持ち合いに関しては、前章までで述べてきたとおり、解消を促すことがコーポレートガバナンス上推奨されており、政策保有株式の解消は今後進むことが予想される。ISS、グラスルイスといった議決権行使助言会社は、政策保有株式の純資産に対する保有割合が高い場合には役員の選任に反対推奨を行うので、持ち合いの引き受け先にとってもリスクになる。

　第三者割当増資を通じた資本提携に関しても、すでに支配権争いが生じている状況下において資金ニーズを説明できない場合は裁判所により差し止められる可能性が高い。また、独立性維持や安定的な株主構成をつくることを目的とした、事業会社とのマイノリティでの資本業務提携であっても、思い描いたようなシナジーが得られず、相手との関係性がこじれた場合などは、かえって保有比率が高い潜在的な野党株主をつくり出すことにもつながりうる。その際、提携相手は可能な限り保有株を高く売却したいと考えてプレッシャーをかけてくることもあるため、希望しない買い手による買収が発生する可能性もあるうえ、アクティビストがそうした大株主と連動する・けしかける場合もある。そのため資本業務提携を行う際も、統合によるシナジーや統合後の経営方針についてきちんとプランを練ったうえで慎重に検討・交渉する必要がある。

■ アクティビズムへの対処においても「一般投資家の賛同」がキモとなる

　アクティビストによる保有が判明すると、対応する企業側は「会社対アクティビスト」という1対1の構図でとらえがちだが、そうした見方にとらわれるべきではない。本来的な企業と株主の本質的な共通の目的は「中長期的な株主価値の最大化」であり、それをジャッジするのはすべての株主である。そして、「株主価値の最大化」といっても、株主ごとにその考え方は異なる。

　会社側からみて「アクティビストが仕掛けてきた」と思っていても、実は大多数の株主が潜在的に有していた不満が発露されたにすぎないパターンもある。その場合、アクティビストが少数の株式しか保有していない場合であっても株主提案が過半数の賛成を集める可能性があり、仮に一時的にしのいだとしても、問題が根治されない限りは遅かれ早かれその提案は可決されることとなる。つまり、株主構成を俯瞰したうえで、アクティビストを含む株主の要求を理解することが、アクティビストと対峙するうえでの大前提となる。

　ただし、この「理解」は簡単ではない。具体的に要求を表明しているアクティビストであっても、究極的な目的は別にある場合が珍しくない。主張を明確にしていないその他の株主はなおさらだ。たとえば、「支配権の獲得」が最終的な目標の相手にとって資本政策の議論は無意味であるし、真っ当にガバナンス改革を遂行してほしいと考えている相手を、「支配権の獲得を狙っている」と勘ぐって論難すると、かえって対立がエスカレーションしかねない。そのため、まずは過去の投資実績や報道などあらゆる情報を収集し、アクティビストの最終目標を把握することが重要となる。そして、平時からトップマネジメントのコミットとタイムリーな意思決定のもと、株主価値最大化に向けたコミットメントを継続的に行うことが最大の予防策となる。

　また、株主構成によっても企業がとるべき戦略は変わってくるため、株主

判明調査などを通じて自社の実質的株主の分布状況を正しく把握する必要がある。併せて、株主価値最大化に向けたアクションと並行して、一般機関投資家などのアクティビスト以外の株主と対話を行い、目線をあわせることが重要である。

　もっとも機関投資家による企業側への要求水準は年々着実に高まっている。2021年のコーポレートガバナンス・コードの改訂で、プライム市場上場企業は取締役の3分の1以上（支配株主がいる会社では過半数）を社外取締役で構成するよう求められ、これに併せて各機関投資家の議決権行使ガイドラインにおいてもガバナンス項目の基準が厳しくなっている。

　加えて、機関投資家側の要求内容も多様化している。米議決権行使助言会社のISSは2022年2月から、政策保有株式の保有額が純資産の20％を超える場合には、経営トップの反対を推奨する方針をとっている。野村アセットマネジメントは2022年11月の議決権行使ガイドラインの改訂で、エンゲージメントの結果を取締役選任議案に反映する項目を設けた。アセットマネジメントOneも2023年のガイドライン改訂で、女性取締役が1名以上在任していない場合には代表取締役選任に反対する規定を新設し、TOPIX100構成企業に適用する。大和アセットマネジメントも同様の規定の対象範囲をTOPIX500構成企業に拡大した。日興アセットマネジメントは、気候変動に関して重大なリスクを抱える企業、及びその他のサステナビリティーに関する課題を抱える企業について、取り組みが不十分であり、状況に改善がみられないと判断する場合、経営トップの選任に反対する規定を新設した。

　このように機関投資家は、厳格化した議決権行使ガイドラインや、その議案が株主価値向上に資するかどうかという観点から株主提案を総合的に判断するようになっている。たとえば、2021年、2022年の株主提案のうち注目議案かつ株主提案賛成率が20％を超えたものについて、国内大手機関投資家の議決権行使動向をみると、その判断は各社で大きく分かれていることが見て取れる。大和アセットマネジメントは東芝に対しては批判的であった一方、株主からガバナンスに関する問題提起を受けた鳥居薬品では株主提案に反対した。

運用資産に対するアクティブ運用の比率が高い機関投資家はより思い切った議決権行使を行えるというように、各社の運用方針も影響を与えている可能性はあるが、最終的には各社の担当者の考え方に左右されるところも大きい。そのため、各機関投資家がどのような議決権行使をするのかを事前に予測するのは難しいのが実態だ。

▌プロキシーファイトの戦い方

経営陣として受け入れることができない株主提案を受けた場合には、プロキシーファイトとなる。

この場合も最も重要なことは、提案株主をはじめとした全株主の構成と議決権行使の方針を把握することである。綿密な分析と票読みによって、株主提案に対する対応方針と賛成比率の予測、キャスティングボートを握る重要株主を特定する必要がある。そのうえで、提案株主の主張の背後にある真の狙いを理解することが出発点となる。

上記について緻密に情報収集・分析を行い、過半の議決権を獲得に向けて、招集通知をはじめとした各種リリースや株主へ説明資料の作成と公表、株主訪問による委任状回収のオペレーション設計と実施、メディアPR、機関投資家の議決権行使担当者との対話などといった活動を行うこととなる。

仮に株主総会を乗り切ることはできても、それはあくまで過半数の株主から一時的な信任を得たにすぎない。得られた時間を有効に使い、株主価値の最大化に向けた戦略策定と実行を着実に遂行することが重要である。上場を維持したまま経営戦略の構築と開示を行い、株主の理解を得られることもあるが、提案株主がその後さらに株式を買い増すなどして活動を活発化させ、結果的に中長期的な企業価値向上が困難となるケースは少なくない。そのため非公開化を行うことが最適解となることもある。

弊社では、プロキシーファイトが生じた際のプロキシーアドバイザー（以下「PA」）の役割は、「株主と経営陣の間で生じた対立を解決し、より優れた在り方の実現を支援すること」であると考えている。

その支援範囲は委任状勧誘行為に限ったものではなく、有事対応全般、株

主提案への対応（委任状勧誘の実施にかかわらず）、同意なきTOBへの対応、株主からの要求や書簡への対応、有事発生後の継続的な株主コミュニケーション対応、有事に至る以前の論点特定と事前対策などの支援もPAの範疇と位置付けている。

「プロキシーファイト」と一口にいっても株主の属性や対立している論点、有事に至っているかなどで千差万別であり、たとえば、株主が「スチュワードシップ・コードに署名している機関投資家であるアクティビスト」か「買収や合併を意図する企業」か「乗っ取りを目的とした集団」かによりまったく違う対応が求められる。そのため、そもそも株主の属性や狙いを特定すること自体がPAの業務の第一歩である。

たとえば、簡単のために下記のようなシチュエーションを考えてみよう。

・株主：グリーンメーラー（株式を買い上げ、自社株買いなどを要求し高値で売り抜けることを専門とした投資家）ではないアクティビスト
・株主構成：創業家など特定の大株主が存在せず、一般投資家による分散的な保有がなされている
・経営陣：日々の事業運営については精通しており、自社の企業価値向上に対しては前向きなものの、事業ポートフォリオやキャピタルアロケーションの改善については課題を残している
・争点：ガバナンス体制、事業ポートフォリオ、キャピタルアロケーション
・アクティビズム手法：経営陣への書簡送付と面談要請、株主提案、自社HPでの公開キャンペーン
・支援開始時の状況：株主から最後通牒の書簡が来ており、株主提案受領が濃厚となっている

このようなケースにおけるPAの役割は大きく３点存在する。

１つ目が、「前提となる認識の整理」。ほとんどの企業にとって、アクティビストからの要求に直面することは初めての経験となる。ここで重要なのは、本質的な争点がどこにあるのかを解明することである。支配権介入型アクティビストにせよ非支配権介入型アクティビストにせよ、彼らが考える「株主価値の最大化のための経営の改善」を突きつけてくる。そして株主価

値の最大化は経営者の責務でもあるので、本来であれば対立関係は生じないともいえる。ではなぜ対立が生じているかというと、大きく以下の要因により両者の信頼関係が損なわれてしまっていることが多い。

・株主価値最大化の手法について意見の相違がある（どちらかのやり方が間違っている）
・アクティビストは資本市場には精通しているものの事業運営の知見においては必ずしも優れているとはいえないため、筋違いな主張を行う「森を見て木を見ず」となりがちである一方、会社側は往々にして最適な事業ポートフォリオを追及する観点が欠落し、目の前の事業に固執する「木を見て森を見ず」となりがちである
・相互の疑心暗鬼によるコミュニケーション不全
・アクティビストの主張が短期間で変節し、会社側が警戒のあまり対話を拒絶する
・実はどちらかが株主価値最大化を目指していない（経営者が保身に走っている、またはアクティビストの真の狙いが短期的な売り抜けにある）

　また、会社側が株主価値向上に向けた取り組みを真摯に行っていたとしても、株主と企業でみている時間軸が異なるため対立が生じるというケースもある。PAの仕事はそこに折り合いをつける仕事ともいえる（**図表4－6**）。

　まずは対話の経緯やアクティビストの主張を把握したうえで、フラットな視点で状況を整理することが求められる。この際重要なのは、会社側の防衛モードを1度ニュートラルに戻すことである。真面目に会社のことを考えている経営者でも（むしろそうした経営者のほうが）アクティビストに対して「会社を守る」という意識が先走り、即座に否定的な態度をとってしまうケースがしばしば存在する。そうした態度は「保身」とみなされがちだが、経営者は株主だけではなく従業員や取引先などのステークホルダーの利益も背負った存在であるという自負があり、事業に関係のない外部組織に企業価値を棄損される恐怖を考えれば、防衛本能が働くのは致し方ない面がある。しかし、防衛本能が行きすぎ、過度に保守的・攻撃的な態度をとってしまうと、それこそが企業価値を棄損する結果を生むことになる。最善の結果を得

図表4-6　ファンドと事業会社は「異なる生き物」であるため完全に同じ目線に立つことは不可能。ただ、「折り合わせる」ことはできる

ファンドと事業会社ではみている時間軸が異なり…

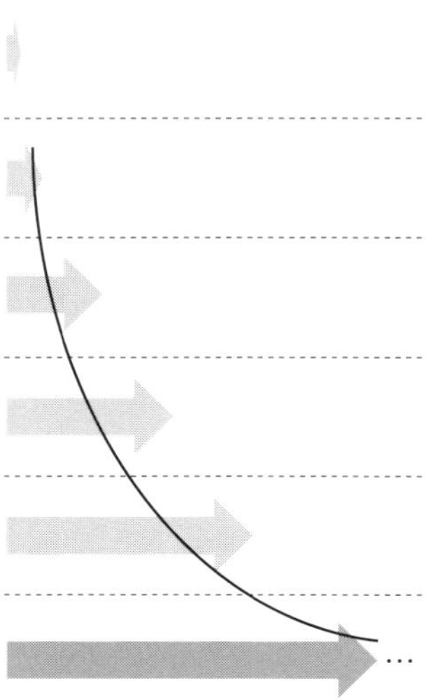

…ファンドはリスクを分散することができる

"一般的な"
アクティブファンドの
保有銘柄
100～300
程度

多くの銘柄を保有することで、
分散によるリスク低下を狙う

ファンド名（注1）	組入銘柄数（注2）
ひふみプラス	275企業
フィデリティ・日本成長株	183企業
さわかみファンド	125企業
スパークス・新・国際優良	28企業
ニッセイ日本株ファンド	150から300企業

みている時間軸

概要

株主・投資家

短期保有
・1～6カ月程度保有、決算やカタリスト狙い
・イベントドリブンファンドを含むHFが該当

中期保有
・6～12カ月程度保有、イベントもにらみながらファンダメンタルズなどを狙う
・多くのアクティブ運用ファンドが該当

長期保有
・1～5年保有、ファンダメンタルズ・ガバナンス改善などの長期的な価値創造・顕在化を狙う（アクティビストファンド該当

超長期保有
・5年以上保有、ごく一部のアクティビストファンドと超大手運用会社などが該当

自己投資
・理論上永遠に保有可能。他人の資産を運用しているわけではないファミリーオフィスが該当

事業会社
・ゴーイングコンサーンであるため、最も長い時間軸で意思決定する必要

注1：モーニングスターより「国内株式型」投資信託のAUM上位ファンド。
注2：2023年1月時点（スパークスは2022年12月、ニッセイは交付目論見書より）。
出典：モーニングスターよりQuestHub作成。

るために、客観的に状況を整理して態度をニュートラルに戻すことが外部ア
ドバイザーであるPAの大切な役割だ。

　2つ目が、「会社としてのスタンスの決定」である。ここで重要となるの
が、一般株主の視点である。プロキシーファイトとなると株主vs会社という
構図に陥りがちだが、多くのケースではキャスティングボートを握るのは一
般株主である。したがって、PAにおいては一般株主の賛同を得ることが不
可欠となる。「株主価値最大化に向けた在るべき姿」「一般株主の賛同」の双
方からアクティビストの主張を分析し、「不適切であり受け入れられない
点」「正論として受け入れる点」「より優れた代案を提示する点」といったか
たちで会社としてのスタンスを固めることになる。ここで一般株主の目線を
欠いた独善的なスタンスをとってしまうと、アクティビストだけでなく一般
株主からの信頼も毀損してしまい、取り返しのつかないことになってしま
う。

　3つ目が、「具体的な施策の遂行」である。株主提案が行われた場合、1
カ月に満たない短期間で多くの手続きや施策、分析を実行する必要がある。
具体的には、株主総会が終わるまでに（場合によっては終わった後も）会社
や法律事務所、証券代行といった関係者と以下のようなことについて絶えず
擦り合わせを行っていかなければならない。

・委任状勧誘に関する事務的な手続き
・取締役会意見をはじめとした各種資料の開示と発信
・一般株主への個別説明
・議決権行使状況を踏まえた票読みの更新と重点株主の特定
・アクティビストとの対話（場合によっては妥結による株主提案撤回など
　も）
・経済誌を中心としたメディア対応

　これらについて時々刻々と変わる状況に対応しながら適切なアクションを
特定し、実行できるよう支援し続けるのがPAにおける役割である。

少数株主の信任を得るアプローチが最重要

　プロキシーファイトとなれば、株主提案の否決に向けた支援を行うことに

なるが、結局は「会社の株主価値向上姿勢に対して一般株主の賛同を得る」というシナリオを実現することがベストである。アクティビストに対するネガティブキャンペーンを行うなどして短期的に否決に持ち込む手法もあるが、その場しのぎにしかならないことが多い。そのうえ、株主提案で議案にできるのは役員の選任や定款の変更など一部の事項に限られているため、議案の可否と株主の信任が別にあることも多い。

それらを勘案しながら株主価値向上に向けてより実現性と有効性の高い方法を示していくことが、プロキシーファイトの本質的な解決につながる（**図表4－7**）。

単なる「業者」として経営陣の言いなりになるのではなく、経営陣にとっ

図表4－7　プロキシーファイトにおいて勝負を決めるのは最後は少数株主であり、少数株主の信任獲得が最重要

シナリオの方向性
例示的：Not mutually exclusive

株主提案：<u>否決</u>

❹ 避けるべきシナリオ	❶ ベストシナリオ
・消去法的に現経営体制が支持される状態 　―例：強引な買収防衛策導入・増資、株主の非本質的な攻撃、証拠偽造 ・結局裁判で結論をひっくり返される可能性も高く、根本的な解決にはつながらないどころか、**株主からの信任を失い中長期的なワーストシナリオにつながりかねない**	・現経営体制への全面的な信任を獲得しつつ、株主提案を否決 ・一般的にはハードルが高く、会社側からも自発的・包括的活動が求められる
	❷ 次善シナリオ
	・現経営体制への支持・理解を得つつ、冷静に提案の狙い・質を吟味したうえで、一部の株主提案は受け入れることも視野に入れつつ、提案株主と水面下で交渉を行う、あるいは総会で決着をつける

株主から経営陣への信任
<u>減少</u>

株主から経営陣への信任
<u>増加</u>

❺ ワーストシナリオ	❸ 最終防衛線シナリオ
・現経営体制に対し株主からの支持を得られず、株主提案も可決（例：東芝、フジテック）	・現経営体制への一定の支持・理解を得られつつも、株主提案は可決 ・積極的に狙いに行くというよりも他のシナリオを狙いに行った帰結としてありうるシナリオ

株主提案：<u>可決</u>

出典：QuestHub作成。

て短期的に前向きに取り組みにくい課題にも正面から向き合い、株主価値向上の絵を描くことが会社／経営陣のメリットを最大化することにつながる。

　一般株主の議決権行使が明暗を分けたのが、フジテックの事例である。2023年2月に行われた同社に関する臨時株主総会は、前年にオアシスが創業家の内山会長（当時）のガバナンスイシューを追及し、内山氏が会長を退いた後、オアシスが20％近くまで保有割合を高めたうえで社外取締役の選任と現社外取締役の解任を求める議案を諮り、会社側も独自候補を立てて対抗した。票読みはある程度拮抗していることが予想されたが、株主提案の多くが可決され、会社提案の候補者も否決される事態となった。

　否決された会社側提案候補者の賛成率は最低で45.11％、可決された株主側候補者の賛成率は最高で58.74％と、極めて僅差であり、パッシブ機関投資家を中心とする一般株主及び議決権行使助言会社の動向が鍵を握るプロキシーファイトとなった。ISSは全てのフジテック提案に反対推奨、株主提案に賛成推奨を行い、フジテックの大株主である機関投資家は「ガバナンス問題に関する改善姿勢が十分にみられず、オアシスと提案候補"叩き"に終始したフジテックの取締役会を支持すれば、自らのアセットオーナーに対しても示しがつかない」とコメントした。

　類似の事例が東芝である。同社は、2021年5月に取締役による戦略決定の支援を行う戦略委員会（以下「SRC」）を組成することを発表した。SRCのミッションは株主及びその他のステークホルダー、外部の有識者の声を聴き、執行サイドの作成する事業・財務戦略の検証を経てあるべき戦略を推奨し、取締役会の決議事項を株主に説明することであった。実際、新たに発表する中期経営計画の草案をもとに、外部コンサルタントを起用してM&A、事業提携、事業ポートフォリオの再構築、非公開化、スピンアウトなどあらゆる打ち手を検討し、既存株主及び潜在株主（スポンサー・パートナー候補の事業会社やPEファンド等）への徹底的なヒアリング、初期的提案の受領を行ったとされる。

　その結果、約5カ月後にグループ全体の「3分割案」を公表。その後、株主の批判を受けて翌年1月に「2分割案」への修正を行った。本件について

は、東芝が非公開化の提案を受けるかどうかが論点となっており、第2位株主の3D及び第3位株主のファラロンは東芝が実質的に非公開化の検討を行っていなかったという疑義を理由に不支持を表明し、3Dは非公開化の再検討を求めて臨時株主総会で株主提案を行った。株主提案は否決されたものの、会社提案（分割案への株主の意思確認）も否決され、東芝は2022年4月に非公開化を検討する特別委員会を設置。入札プロセスが開始され10社以上が応募した。その後6月の定時総会では大株主のファンドから2名が新たに社外取締役に選任され、「少数株主主導・監視のもとの会社売却のための厳格な非公開化プロセス」が進行した。

結果論ではあるが、前年のSRCの段階で非公開化についてより慎重な検討を行い、3分割・2分割案について非公開化案と比較検討したうえでのメリットを十分に示していれば、会社提案が否決されることはなかったかもしれない。本件の会社提案はISSからの賛成推奨も得られず、賛成率は39.53％にとどまった。会社分割による上場維持と即時の非公開化では完全にapple to appleな比較はできないものの、透明性のあるプロセスによって検討した結果を開示し、株主に信を問う姿勢が求められた。

事業会社による買収についてPAとして対応する際も、基本的にはアクティビスト対応と同じ考え方が求められる。網羅的なシナリオの分析と、株主価値向上の視点を持った戦略策定・実行を、透明性を伴うかたちで行うことが肝要である（**図表4－8**）。

ここでは、すでに一定の株式を有し事業シナジーも正当化しうる、買収のトラックレコードも有する事業会社を相手方と想定している。こうした場合であっても、いきなり同意を得ずTOBに踏み切ってくる可能性は低い。同意を得られることを前提に水面下で真摯な買収提案の要件を満たす提案を行う可能性が最も高く、次いで買収提案までは行わないかたちで業務提携の拡大などを打診してくるケースが大半である。

ただし、後者は前者に移行するための前段階と位置付けられることが多く、中長期的には真摯な買収提案が行われる可能性が高い。スタンドアローンでの価値向上に失敗した場合は、対象会社の取締役会の同意がなくとも

図表4-8 中長期的には相手方が真摯な買収提案に踏み切る可能性が高い場合対応策はA.ホワイトナイトの探索、B.スタンドアローンでの株主価値向上だが、能動的に行えるB.の重要性が高い

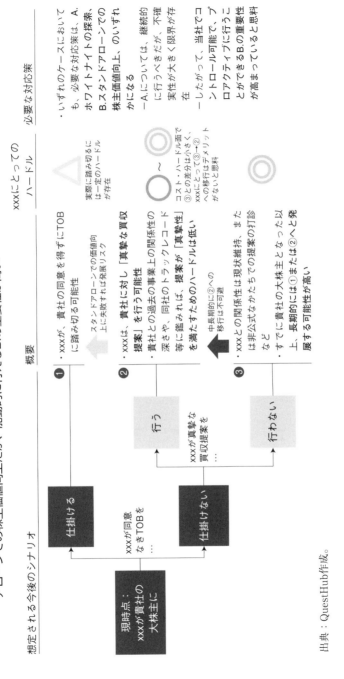

出典：QuestHub作成。

TOBに踏み切ってくるリスクも存在する。こうしたケースにおいて必要な対応策は、ホワイトナイトの探索とスタンドアローンでの株主価値向上施策の策定のいずれか、あるいは両方となる。真摯な買収提案について真摯な検討を行わずに買収提案を握りつぶすといったようなことは取締役の善管注意義務違反に当たる可能性もあり、それを理由とする株主代表訴訟を提起されるリスクにもつながる。

■ 能動的に企業支配権市場を活用する

ここまで実践編として買収提案やアクティビストとの対話を軸に解説してきた。だが、それらのアプローチは企業支配権の半分の側面をみているにすぎない。企業支配権市場を仕掛けられる側ではなく、仕掛ける側として積極的に活用することもこれからの企業経営において極めて重要なアプローチとなる。

ニデック・TAKISAWA事例が切り開いた同意なき買収の実現

第1章で事例としてあげたニデックによるTAKISAWA買収はその好例である（**図表4－9**）。

まず、買収に関して最重要といって過言でないものが「大義（ストーリー）」である。買い手／売り手企業の株主のみならず、メディアや世論をも納得させる買収の大義を組み立て、それを外部にも示すことで、買収対象企業の経営陣は買収提案に反対するロジックを形成しにくくなる。ニデックは自社で保有する現預金をもとにTAKISAWAの買収にあたったが、今後は銀行からの融資を資金源とする買収提案も増えるはずだ。その際、大義なき買収に対し銀行が融資をつけることや、証券会社がフィナンシャル・アドバイザーについたり、公開買付けの代理人を引き受けたりすることは困難なことが多い。逆に、大義がある買収であれば、TAKISAWAのように対象企業の取締役会が最終的に賛同表明を出し、結果的に敵対的な買収とならないことも想定される。その場合のローンの金利は、敵対的なものよりもずっと低いはずである。

ニデックによるTAKISAWAの買収では、いわゆる東証要請のニュースが

図表4-9　敵対的（同意なき）買収を成功させるためには、大きく以下の要素
　　　　を織り込んだ絵姿を描く必要がある

論点	概要	ニデック／TAKISAWAの事例への当てはめ（詳細後述）
大義（ストーリー）	・買収者／対象会社株主のみならず、メディアや世論の支持を得られるような定性的な「大義（ストーリー）」を組み立て、対外的に示すことができるか	・社会的な要請に沿った買収であり、メディアも好意的 　－東証の「PBR改善要請」により、PBRが１倍を下回る企業に対して厳しい目が向けられるように 　－経済産業省の「企業買収における行動指針」の策定により、買収提案を拒絶することが難しく ・工作機械業界は中小規模企業が多く、国際競争力の維持・向上に向けた業界再編の必要性が高い ・2008年にニデック（当時は日本電産）が同意なき買収を仕掛けたものの、失敗に終わった東洋電機製造の「リベンジ」という側面も
価格	・公正かつ十分なプレミアムを付した価格を提示できるか	・ニデックは、約100%のプレミアムを付し、ほぼPBR１倍となる価格水準を提示
シナジー	・買収により大きなシナジーが生じることを株主に対して説得的に示せるか	・ニデックは、これまでのM&Aの実績と経営統合による18の想定シナジーを強調 　－旋盤事業を有しない同社はTAKISAWAと事業領域の補完性が高く、大きなシナジーを見込む
プロセス／スキーム	・対象会社及びその株主に対し検討のための十分な材料・情報を提供し、強圧性を排除・軽減するスキームとなっているか	・TOB予定の公表から開始まで60日間の猶予を設けたうえ、TAKISAWA側からの情報提供依頼にも迅速に対応 ・完全買収とするなど、強圧性を減じる措置を講じている

出典：QuestHub作成。

　注目されるなか、PBRが３倍を超えるニデックが、0.5倍程度（当時）の
TAKISAWAに対して買収提案を行ったということも納得感を高めた要因の
１つである。とりわけ工作機械業界には中小企業が多く、国際競争力を高め
るためには業界再編が必要であるという大義に客観的な合理性が伴っていた
ことが、買収提案の納得感を高めるうえで大きかった。
　また、価格面も重要である。公正かつ十分なプレミアムが支払われるもの
でなければ、前章で述べたようにむしろアクティビストによる妨害の対象と

なりかねない。ニデックは約100％のプレミアムを提示し、PBRにしてほぼ1倍での買収提案としたことでその懸念を払拭した。

大義にも関連するが、シナジーを示すことも肝要だ。ニデックは経営統合によって想定される18のシナジーを強調した。実際、旋盤事業を有しないニデックと旋盤に強みを有するTAKISAWAは事業上の補完性が高いことから大きなシナジーが見込めた。

プロセスとスキームの完備も求められる。対象企業及びその株主に対して買収に賛同するか否かを検討してもらうための十分な材料・情報を提供し、「強圧性」を排除・軽減するスキームとなっている必要がある。ニデックはTOB予定日の公表から実施までに60日間の猶予期間を設け、TAKISAWAからの情報提供依頼に関してもわずか2営業日で迅速に満額回答を行ったうえ、部分買収ではなく完全買収とするなど強圧性を減じる措置を講じた。

対抗TOBという新たな買収のスタンダード

買収提案が断られ、他社によるTOBが開始されてしまった。従来であれば「勝負あり」といえる状態だが、自社の買収提案に自信があれば対抗TOBという「ラウンド2」が選択肢としてなりうる。

2024年3月12日、福利厚生代行を手がけるベネフィット・ワン（以下「ベネワン」）に対して第一生命ホールディングス（以下「第一生命」）が行ったTOBが成立した。

事の始まりは、2023年11月14日までさかのぼる。医療情報サイトを運営するエムスリーは、ベネワンに対するTOBを開始した。11月14日時点の買付価格は1株1,600円で、ベネワン株の14日終値を4割上回るものの、株価は足元で大きく下落しており、2月につけた年初来高値である2,390円からは3割以上安い。そのうえ、エムスリーは55％を買付けの上限としており、ベネワンの上場維持を前提とする部分TOBだった。

ベネワンの買付期間は、2023年11月15日から12月13日までであったが、12月7日、突如第一生命がベネワンに対してTOBを実施することを公表した。買付価格は1株1,800円以上で（後に2,173円に修正）、エムスリーによる提案価格を上回っていた。第一生命のTOBは、ベネワンの同意を得ずに発表

されたものの、ベネワンの親会社のパソナグループとエムスリーの同意を得ることを成立条件としており、第一生命側からは敵対的買収でないことが強調されている。

第一生命による対抗提案を受け、ベネワンはエムスリーにTOB期間の延長を要請し、エムスリーはTOB期間を2024年1月17日まで延長することを発表した。その後も2024年1月16日にTOB期間の再延長が、同年2月14日に期間を2月29日までとする再々延長が発表された。

第一生命もベネワンの親会社であるパソナグループとの間の協議・交渉が続いていたため、予定していたタイミングでTOBを開始することができず、結果的に開始時期を2月中旬に変更すると発表した。

両社の交渉が続くなか、2024年2月8日、第一生命がパソナグループと合意したことを発表し、エムスリーとの長期にわたる買収戦を制した。TOB価格は最終的に2,173円となった。

日本には、「相手先の同意を得ないままの買収はご法度」という風潮があることは否めない。しかし、この数年間で同意のないTOBの事例が積み重ねられた。また、経済産業省による指針によって、対象企業の取締役に求められる行為規範が明確に示されたこともあり、そのような風潮は変化しつつある。歴史のある大企業が、同意のない段階でTOBをリリースし、最終的に成立させた点で、本事例は日本の企業支配権市場の歴史に刻まれる事例になったと評価できる。

対抗TOBの勢いは、第一生命の事例にとどまらない。2024年3月14日、オフィス向けプリンター等を手がけるブラザー工業は、ローランド・ディー・ジー（以下「ローランドDG」）に対するTOBを発表した。

もともと同社は、同年2月9日にMBOで株式を非公開化することを発表していた。当該MBOは、米投資ファンドタイヨウ・パシフィック・パートナーズ（タイヨウ）の運営するファンドが全額出資する企業がTOBを実施し、買付価格は1株5,035円で、ローランドDGの9日終値と比較したプレミアムは約3割である。タイヨウのTOBは、同社経営陣の同意を得ており、期間は2024年2月13日から3月27日である。

一方でブラザー工業によるTOBは、ローランドDGの同意を得ないまま発表された（TOB価格は5,200円で、買付予定数の上限を設けていなかった）。同社のリリースによると、同社は2019年頃からローランドDGとの協業や共同開発等を検討しており、2022年2月10日付の書面にて戦略的提携の強化に関する提案を行い、後に2023年9月1日付でローランドDGを完全子会社化する提案も行ったとしている。これに対し、ローランドDG側はディスシナジーに対する懸念が払拭できなかったことから、2023年11月上旬から2024年1月下旬の間、ブラザー工業は情報提供を行ったものの、結局ローランドDGは同社の提案に関する検討を中止する旨の通知を2024年2月2日に行った。中止通知を受けて、同社は価格を4,850円と増額することを内容とする意向表明書を提出したものの、ローランドDGの考えは変わらず、同月9日にMBOを実施することが発表された。以上が、ブラザー工業の発表に至るまでの流れである。

ブラザー工業による発表後、ローランドDGは「対応については取締役会及び特別委員会で、ブラザー公開買付けに係る開示文書の内容や関連情報を分析・検討したうえで案内する」とのコメントを発表した。

そのうえで、ローランドDGは、ブラザー工業とのディスシナジーを理由とした主張を展開。4月26日にはタイヨウがTOB価格を5,370円へと引き上げた。最終的に、5月29日にブラザー工業はTOBの不実施を表明するかたちで決着した。同日にブラザー工業が開示した株主宛のメッセージでは、一連のローランドDGのキャンペーンを通して、同社が掲げる「順法精神・倫理観」という行動規範を共有することが見込めないと判断したことを最大の要因として説明している。

「企業買収における行動指針」が公表されてから1年も経たずに日本の名だたる大企業が立て続けに対抗TOBに乗り出したことは、日本の上場企業のM&Aが新たな局面を迎えたことを象徴しているといえる。

第 **5** 章

企業支配権市場の将来
――「稼ぐ力」とプロ経営者の
時代へ

ますます加速する株主構成の地殻変動

　最終章となる本章では、我が国で急速に立ち上がりつつある企業支配権市場の将来と、上場企業経営者には今後どのような能力が求められていくのか、筆者なりの世界観を示していこう。

　企業支配権市場が成立するために重要なのは、投資先企業の価値向上に対するインセンティブを有する一般株主・少数株主の声や議決権行使が適切に支配権に影響を与えることであり、その妨げとなってきたものは、真の一般株主ならざる株主の存在である。すなわち、我が国においては、金融機関や事業会社による保有（政策保有株式）や親会社など、時として一般株主と異なる利害を有する安定株主は、近年の機関投資家を中心とした批判の高まりを受け、足元で急速に市場から姿を消しつつある、あるいはその兆候がみられるようになっている。

▎政策保有株式の解消

　これまでも漸進的に解消が進んできた政策保有株式の解消だが、2023年以降、そのモメンタムは大きな高まりをみせている。

　2023年は、トヨタグループが政策保有株式の縮減に動いたことが大きなトピックとなった。2023年11月29日、トヨタ自動車は保有しているデンソー株約6,700億円相当の売却を発表し、持ち分法適用関係は維持したまま、保有比率を24.2％から20％に引き下げた。トヨタ自動車の山本正裕経理本部長は、今後「20％を1つの目安」に売却を進めていくとコメントしている。こうした動きを受けて、政策保有のゼロ化を掲げるアイシンのほか、デンソーや豊田合成などトヨタグループ各社も2024年に入り相次いで政策保有株式の売却を公表した。「ケイレツ」文化が色濃く残る自動車業界において資本関係の見直しが進んだことの象徴的な意義は大きい。

　また、2024年2月には、企業保険の価格調整問題を受け、持ち合いによる馴れ合いがカルテルなど不正の温床になったとして、金融庁が損保大手4社

に政策保有株式の削減を加速させるよう要請し、その後各社が政策保有株式をゼロにする方針を公表した。4社の保有する持ち合い株式は合計で約6.5兆円にものぼり、このうち3社については、2025年3月期中に1.4兆円の政策保有株式を売却する方針を示した。実際に、2024年7月には、損保大手各社を中心に、保有するホンダ株式のうち5,000億円規模を売却することが報じられている。

　これらのほかにも、メガバンクや三菱電機などの政策保有株式の売却規模の大きさが目立つ。日本経済新聞によれば、3メガバンクの株式売却額（非上場株含む）は合計約1兆3,500億円と前の期比で4割弱増えた。

　政策保有株式の解消に伴う株主構成の「地殻変動」を通じて、支配権リスクに直面する企業も増加していくことが予想される。たとえば前出のコスモでは、安定株主であったアブダビ政府ファンドの売却分を実質的に旧村上ファンド系が買い集めたことで支配権リスクが現出することとなった。また、時流に反して持ち合い株式の維持に固執する上場企業は「悪目立ち」することとなりかねず、市場から一層のプレッシャーに晒されることは避けがたいだろう。

▍親子上場・持ち分法適用関係の解消

　親子上場についても、ガバナンス面を中心にその問題点が批判の対象となり、解消が叫ばれるようになって久しいが、筆者が特筆すべきと考えているのが、持ち分法適用関係の解消である。

　東証によれば、上場子会社の数は、2014年の324社（上場企業全体に占める割合は9.7％、以下同じ）から2022年の258社（6.8％）と緩やかに減少傾向にある一方で、20％以上50％未満の大株主（個人株主を除く）を有する上場企業の数は、741社（21.7％）から958社（25.4％）へとむしろ増加している（**図表5－1**）。

　近年、親子上場の解消が進んだ背景には、機関投資家からの圧力に加えて、政府や東証などによるルール整備もある。2021年6月に再改訂されたコーポレートガバナンス・コードにおいて、親会社から独立した社外取締役

第5章　企業支配権市場の将来──「稼ぐ力」とプロ経営者の時代へ　137

図表5－1　上場子会社の数・割合は緩やかに減少。一方、持ち分法適用関係の資本上位会社を持つ上場企業の数・割合は増加傾向

[上場子会社数の推移]

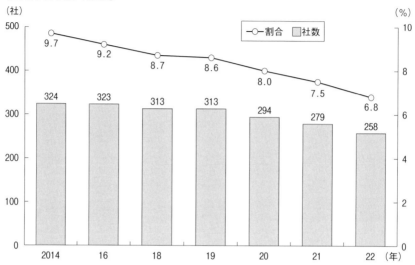

[大株主(注)（個人株主を除く）を有する上場会社の推移]

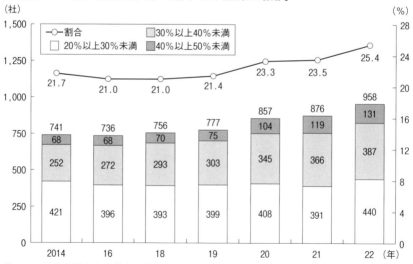

注：20%以上を保有する株主を指す。
出典：東京証券取引所上場部「従属上場会社における少数株主保護の在り方等に関する研究会（第2期）第2回東証説明資料」（2023年3月22日）よりQuestHub作成。

を３分の１以上（プライム上場企業は過半数）置く、または支配株主との重要な取引について独立性を有する者で構成される特別委員会を設置することが求められるなど、支配株主を持つ上場子会社に対してより高いガバナンス水準が求められていることがあげられる。加えて、東証による市場改革で、流通株式比率の基準が設定されたことで、上場親会社やそのグループ企業等がグループ戦略のなかで上場子会社の保有比率を見直すきっかけになる可能性もある。

この点、東証は2023年12月に、「従属上場会社における少数株主保護の在り方等に関する研究会」における議論を踏まえた取りまとめとして、親子上場や持ち分法適用関係にある上場企業に対し、企業統治に関する情報開示の充実を要請した。具体的には、資本上位会社に対してはグループ経営の考え方、資本下位会社の上場を維持する合理性や役員の選解任議案での議決権行使の考え方、資本下位会社に対しては、資本上位会社のグループ経営に関する考え方についてコーポレートガバナンス報告書で開示することを求めている。これまであまり注目されていなかった持ち分法適用関係の親子上場についても、メスが入る格好だ。

このほかにも、同研究会においては、支配株主を有する企業の独立社外取締役の選任に対し、上場規則上の要件として支配株主を除く少数株主の過半数（マジョリティ・オブ・マイノリティ（MoM））を採用する案や、少数株主の賛否割合を開示させる案も浮上するなど、親子上場に対しては今後も議論が進むことが期待される。

また、アクティビストも、持ち分法適用関係の解消に関する要求を強める可能性もある。たとえば、住友林業が株式の２割を保有する熊谷組に対しては、オアシスが2023年、2024年と２年連続で株主提案を実施しており、住友林業との提携関係について十分な効果がなかったとして厳しく批判している。オリエンタルランド株式の約２割を保有する京成電鉄に対しても、パリサー・キャピタルが保有株の縮減を求める株主提案を行った。持ち分法適用関係の解消についても、従来の親子上場と同様に、ガバナンスや資本の歪みが論点となりやすいことに加え、親会社側の事業ポートフォリオ再編や、支

配権の移転時の支配権プレミアムの享受など、アクティビストとしても投資アングルに入れやすい要素が多い。

　親会社・持ち分法適用関係にある資本上位会社を有する上場企業をあわせると1,200社以上にのぼるが、こうした動きを背景に、今後、多くの企業が支配権リスクに晒される、あるいは自社の支配権の在り方について再考を求められる事態に直面する事態になることが予想される。たとえば、自動車部品大手のエクセディは、2024年5月に同社株式の3割強を保有するアイシンとの資本関係の解消を公表し、アイシンは売り出し等を通じて保有株の全てを売却したが、その直後に旧村上ファンド系の大量保有が明らかとなり、8月時点で保有割合を約15%まで高めている。

　それでは、どのようなケースであれば親子上場に対する資本市場からの理解・支持を得られるのだろうか。

　子会社上場の明確なメリットは、子会社が効果的に独自のエクイティファイナンスを実行できる点であり、これを前提として人材採用や信用面でのメリットのほか、ガバナンスの透明性が担保されていることが明確であれば投資家・株主から一定の理解を得られる可能性がある。すなわち、親会社がリスク水準の異なる複数のポートフォリオを有する一方、成長性の高い子会社が存在し、かつ子会社に資金調達需要がある場合、子会社の上場により、親会社より高いマルチプルでの効率的なエクイティファイナンスが可能となる。

　たとえば、TOPPANホールディングスは同社の半導体関連事業のIPOを示唆している。半導体関連は成長性が高い一方、技術革新のサイクルも短いなかで機動的な資金調達の必要があることを理由としており、TOPPANホールディングスの投資家からも一定の理解を得られているといえる。

　海外ではシュナイダー・エレクトリック（シュナイダー）とアヴィバの事例が特徴的だ。2017年、仏大手電気機器メーカーであるシュナイダーは、大型設備向けソフトウェアに強みを有する英アヴィバを買収したが、その際、アヴィバ側の要望に加え、ソフトウェア人材の採用や今後のM&Aを念頭に当面の上場維持を選択した。その後、2020年には、アヴィバはインダストリ

アル IoT等のソフトウェアベンダーである米オーエスアイソフトウェアを買収したが、買収費用50億ドルのうち、35億ドルはアヴィバによるライツオファリングにより調達しており、アヴィバが上場していたからこそ可能であった資金調達と買収であるといえよう。最終的に2022年9月には、シュナイダーはアヴィバの完全子会社化を進めると発表しており、役割を終えた親子上場は速やかに解消するという機動的な経営判断を行った点を含めて、日本企業に対し多くの示唆がある事例と考えている。

　親子上場を行う以上は、投資家・株主から否定的な目線を向けられることは避けられない。それでもなお親子上場を維持し、投資家・株主との信頼関係を醸成していくためには、市場との「対話力」が求められよう。

企業支配権市場の公正なルールの形成

　2024年5月15日、参議院本会議において、金融商品取引法改正案が可決・成立した。今回の改正のポイントの1つが、2006年以来18年ぶりとなる公開買付・大量保有報告制度の大規模な見直しである。

　公開買付制度については、市場内取引も義務的公開買付け（いわゆる3分の1ルール）の対象とすること、3分の1ルールの閾値を30％に引き下げることなどを主な方向性としている。とりわけ、従前より問題視されてきた市場内の買い上がりによる強圧性の問題について、一定の手当てがされた格好だ。一部企業では、アクティビストなどが市場内取引により議決権の3～4割を取得するケースもみられたが、今後はこのような態様の取引は難しくなるだろう。

　また、大量保有報告制度についても、共同保有者概念の見直しに加え、現金決済型エクイティデリバティブ取引も特定の場面ではその対象とすることなどが盛り込まれ、アクティビストを含む株主との対話の実効性が高まることが期待される。特に前者については、金融商品取引業者等が重要提案行為等を行うことを目的とせずに株主としての権利を共同して行使する場合であ

第5章　企業支配権市場の将来——「稼ぐ力」とプロ経営者の時代へ　141

れば共同保有者には含まれないことが明示されたことで、いわゆる協働エンゲージメントの活発化が予想される。

　また、一部報道によると、金融庁は実質株主について企業側が把握しやすくするための仕組みをつくる方針のようだ。たとえば英国においては、上場企業は株主に対して実質的に保有する株式数等に関する情報の提供を求めることができる制度が存在する。また米国では、一定以上の規模の運用資産を有する機関投資家は四半期ごとに自らのポジションに関するデータを公開しなければならないとされている（いわゆるForm 13F）。コーポレートガバナンス・コードにおいて、機関投資家や助言会社との対話が求められているにもかかわらず、発行体側は株主判明調査を行わなければ、対話すべき相手である実質株主が誰であるかを明確に把握することが難しいのが現状だ。英国型・米国型どちらが望ましいかはともかく、実質株主の透明性確保に向けた一定の制度の導入が必要であるというのが筆者の立場である。

　経済産業省による「企業買収における行動指針」も含め、政府が企業買収に関するルール策定・改正を進めることも、企業支配権市場の活発化の後押しになることは間違いないだろう。

企業支配権市場の行きつく先

　ここまで、政策保有株式の解消や親子上場の解消などに伴い、「株価を上げられない経営者はクビになるか企業ごと買収される」時代がやってくるということを示してきた。

　この流れを言い換えると、「企業や経営の在り方が市場機能を通して決められるようになる」といえる。突き詰めると「上場企業は常に売買の対象であり、経営者も企業の価値を最大化するために経営者市場からベストな人物が選ばれる、両者の決定権を持つ株主であり、それゆえ株主価値、すなわち株価の最大化が究極的な価値基準となる」という世界観になる。

　非現実的に思われるかもしれないが、「市場原理の活用による資源配置の

最適化」という意味では、株式持ち合いを解消しようとするコーポレートガバナンスの議論や業界再編を活性化させる買収指針はその世界観と同じベクトルに存在する。

　当然ながら市場万能論は日本でコンセンサスを得られているとは言い難く、国内基幹産業を海外企業が買収することの安全保障上のリスクなどもあるため、一朝一夕で事が進むことはない。しかし、良し悪しの価値判断は別として、株主・取引市場・行政いずれも企業支配権市場を活性化させる方向で進んできたのはこれまで示してきたとおりで、その流れは今後も続く可能性が高い。

■「自明な歪み」の解消

　以上を踏まえたうえで、これから何が起きうるかを示していきたい。まず前提としてネットキャッシュ比率が高い企業の株主還元や、政策保有株式の削減や自社ビルの売却などといった足元での改善が進んでいる投資家視点での企業の「自明」な歪みについては加速度的に解消が進むだろう。B/Sのスリム化による資本効率の改善は、一昔前こそ「アクティビストの論理」であったが、いまや一般機関投資家も公然とそれを求めるようになり、もはや「一般株主の論理」といえるものになっている。

　これはある意味で日本の市場がスタート地点に立つということを意味する。自明な歪みの解消余地があるうちは、株主・上場企業ともにそれをみればよかった。そうしたものがなくなると何が起きるか、というのが真の論点だ。

■ 経営論点の高度化

　株主からみて自明な歪みが解消されると、次に経営者が対処する課題は「自明でない」ものになる。特に重視されるのが「稼ぐ力」の改善だろう。日本企業のROEが欧米企業と比較して低い理由は、主に売上高純利益率の低さに起因している（**図表 5 - 2**）。

　単純なB/Sスリム化や事業/資産売却といった論点と違い、明確な"正解"

第5章　企業支配権市場の将来——「稼ぐ力」とプロ経営者の時代へ　143

図表5-2 ROEをデュポン分解すると、伊藤レポート1.0と2.0でも指摘のとおり、日本企業のROEの低さは売上高純利益(ROS)の低さに起因し、欧米企業との格差は残る

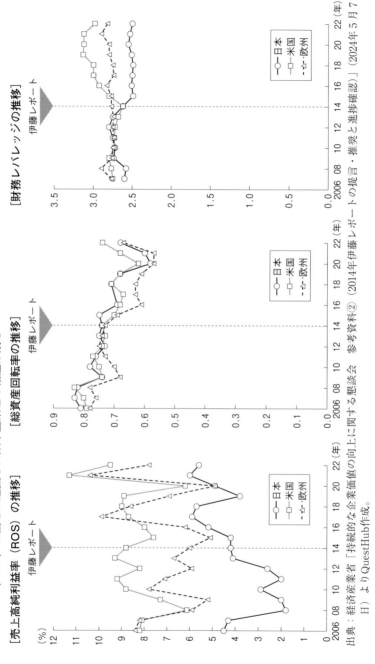

出典：経済産業省「持続的な企業価値の向上に関する懇談会 参考資料②（2014年伊藤レポートの提言・推奨と進捗確認）」（2024年5月7日）よりQuestHub作成。

が存在しない論点について、経営者は資本市場の要求の変化に晒されることになる。「企業を売却すべき」「現在の経営者は交代されるべき」という主張への反駁をしようとすると、「この企業の価値を最大化させられるのは現経営陣である」かつ「（他の企業の傘下等でなく）現在の企業体制だからこそそれを実現することができる」ということを立証し続けることが要件となる。

上場企業として経営し続けるためには、前者はマストである。後者はシナジーのある他社が想定される限り残り続ける論点であるが、潜在的なシナジーを発現させる方法は身売りだけではない。会社を大きくし、逆に買収する立場となることで解決できる。

▍上場企業経営者のプロ化

また、上場企業の経営者は「サラリーマンの行き着く先」、すなわち従来のような、内部昇格で社内取締役が大多数、主要株主は身内、といった時代の経営者像からはかけ離れた存在になっていくだろう。

経営者には株主からの多大な要求が課せられ、満たすことができなければ交代させられるばかりでなく、法的な責任をとらされる可能性もある。さらには、社外取締役が過半となった取締役会での意思決定を行い、執行のトップとして会社をまとめ上げ、サステナビリティを筆頭とした社会課題にも応える必要がある。

こうなると、経営者は極めて高度な資質を要求され、かつ社内外の経営者市場から選抜されるかたちで選任される。待遇面でも、サラリーマンの延長線上の報酬で「割に合う」仕事ではなくなる。これらの要因が重なって、いわゆる「経営者のプロ化」が進むと予想される。

長らく日本では「プロ経営者」は外部から招聘された人材を示す言葉だった。「経営者のプロ化」が示すのは、そうした限定的な意味での「プロ経営者」が増えるというのではない。大事なのは外形的な在り方ではなく資質であり、外部・内部問わず、経営者が高度に専門化された職業として扱われるようになるということである。かつて経営者の就任会見でよく聞かれた「し

ばらくは勉強期間」という文句は完全に通用しなくなり（現在でも通用して
いるかは疑問だが）、「勉強を終えたものだけが経営者になれる」ようになる
ということだ。

　実際に米国では、1980年代にPEファンドがレバレッジド・バイアウト
（LBO）を活用して上場企業に買収を多数仕掛けるバイアウト頻発の時代を
経て、1990年代には株価・業績連動報酬の仕組みが整えられたうえで経営者
がプロフェッショナルな職業となり、上場企業が減るなかで上場企業として
価値を伸ばし続けられるプロ経営者が報われるようになった。

　1980年代から90年代の米国において、企業支配権市場の確立に続くかたち
でプロ経営者の増加がみられたことに鑑みれば、我が国においても、今後の
５年・10年でプロ経営者市場が興隆すると予想する。

経営人材の集約が業界再編の起点に

　経営者および取締役に対する要求水準と責任の増加は、上場企業の再編要
因になりうる。上記で示したような経営者の役割を担える資質を持つ人材は
限られている。それをモニタリングする（社外）取締役もまた然りだ。対し
て、上場企業経営者は上場企業の数だけ必要になる。つまり、経営者のプロ
化が進む一方で経営人材の数と上場企業数の不均衡が上場企業の非公開化で
調整される動きが出るだろう。乱暴な議論をすれば、上場企業数が半減すれ
ば必要な上場企業経営者は半分で済む。

　これは必ずしも後ろ向きな話ではない。企業支配権が適切に機能するとい
う前提が成立するのであれば、マクロの視点でみれば優秀な経営者への権限
集約に帰着するためだ。つまり、上場企業が非公開化する際に買収するのは
最も高い価格を出す（＝最もその企業の価値を発揮させられる）企業とな
る。それにより、（無謀な価格で買収をしないことも経営者の資質であるた
め完全に一致はしないものの）対象企業の価値を最大化させられる優れた経
営者が率いる企業が手中に収めることになる。

■「稼ぐ力」アクティビズムと真のプロ経営者の時代

　買収ファンド（主にプライベートエクイティ・ファンド）が市場価格から
プレミアム付きでの買収を提案するのは、経営の合理化によりそれ以上の価
格・企業価値を達成できることを織り込んでいるからであり、本来的には株
主価値・企業価値の最大化を至上命題とする取締役会が適切な経営者を選任
し監督していれば、上場維持したままその価値向上を達成できる蓋然性は高
いはずだ。むしろ上場維持し直接金融とアクセスがあることを活かした機動
的な買収や増資が可能である分、潜在的には上場維持したままのほうが企業
価値向上の余地は大きい可能性がある。PEファンドが日本の上場企業買収
にかつてないほど意欲的なのは、これまで売却対象にならなかった企業が行
動指針などを受けて「売り物」になりうるという機会の拡大と、そもそも日
本の上場企業は経営者や取締役会が適切に働いていないという「ディスカウ
ント」があるとみられているからだ。

　変革を担う経営者を取締役会が選任し、上場したまま変革が達成された事
例は、経営危機のシチュエーションにおいては多くみられる。すでにみた日
立製作所は、2009年に7,800億円の赤字を計上した後、子会社にいた川村隆
氏、中西宏明氏、八丁地隆氏を経営陣として呼び戻し、３年でV字回復が達
成された。そして、中西氏の後を継いでトップとなった東原敏昭氏は
「Lumada」という独自概念を軸に大胆な事業ポートフォリオ改革を推し進
めた。オリンパス事件に伴う体制刷新以降で初の社長交代でトップに就いた
竹内康雄氏はアクティビストのバリューアクトから社外取締役を受け入れな
がら祖業の売却含むポートフォリオ改革を断行した。いずれも「生え抜き」
の人材が経営のプロとして機能した事例であり、その背景には赤字や不正な
どの"有事"が契機となり経営改革が行われ、その流れを継ぐ次代の経営者
が現代的な経営スタイルを確立させたという流れがあった。今後は、常に少
数株主からの突き上げと潜在的買収提案がありうる状況下で全ての上場企業
が常時「準有事」となることから、経営のプロが活躍する土壌の醸成が行わ
れていくと考えられる。

図表5-3　株主・投資家からの支持を伴わなかった「経営戦略」の打ち出しが、経営陣交代といったワーストシナリオ顕在化になった事例は多数存在（図表2-8再掲）

	株主還元やガバナンスに関してもともと懸念を持たれていたなかで過大なM&A計画を公表し…	…株主からの経営体制への不信感に一層の拍車がかかり、経営陣の交代に至った
フジテック	・2022年1月、蘭大手機関投資家であるケンペンが、フジテックに対するレターを送付。350億円のM&A計画を含む同社の中計とガバナンス体制に懸念を表明し、M&A予算の自己株買いへの充当等を求めた ・2020年5月には、AVIが資本的支出に対するハードルレートの規定や指名委員会等設置会社への移行などを求めるレターを公開していた	・2022年5月、オアシスが、内山社長の再任に反対するキャンペーンを展開。オアシスは内山社長と会社側の不透明な関連当事者取引などを問題視 ・6月、同社は株主総会当日に内山社長の取締役選任議案を撤回し、同氏は取締役でない会長に。野村AMや三井住友トラストAMなど大手機関投資家も役員選任議案に反対票を投じた
東芝	・2021年2月、東芝を5%超保有するファラロンが、同社に対するレターを公開 －2020年10月、同社は「東芝Nextプラン」内にて1兆円規模のM&A計画を公表 －この方針転換と説明不足が「更なる信用問題と懸念につながった」と表明	・2021年6月、筆頭株主のエフィッシモ主導の調査により、元経済産業省参与が同社株主に圧力をかけていた事実などが判明、同月の定時株主総会で永山治取締役会議長らの選任議案が否決 ・2022年には会社分割案も否決され、ファラロン出身者らが社外取締役として新たに選任
LIXIL	・2018年10月、LIXILグループ社長兼CEOの瀬戸欣哉氏の突然の辞任と、創業家出身で会長の潮田洋一郎氏の後任への就任を発表 ・同氏は瀬戸氏の路線を大きく変更し、積極的なM&Aの方針を示したが、翌日の株価は14%安	・2019年3月、英米機関投資家らが潮田氏らの取締役解任を請求。同社のガバナンス体制に批判が集まり、潮田氏らは取締役を退任 ・同年の定時株主総会で瀬戸氏らの取締役選任議案が可決され、CEOに復帰

出典：公開情報からQuestHub作成。

　経営のプロにまず求められるのは、「投資家視点の経営への実装」だ。これは失敗事例から学ぶとわかりやすい。第2章で事例にあげた**図表5-3**（**図表2-8再掲**）の3社は、全社として赤字ではなかったが経営計画における投資規律が少数株主からの大いなる反発を受け、ガバナンス不全との指摘と相まって経営陣の解任にまで至ったケースである。

ソフトバンクグループの孫正義社長は、2024年の定時株主総会で、「（1兆円を超える大型企業の経営であれば）本来、投資家的目で自分の事業部門をみるべきだ」「大企業の経営者で（事業家と投資家の）両方の観点でみれない人は社長失格ではないかと思う」と述べた。大型企業であれば単一事業で経営されていることは珍しく、事業ポートフォリオを有することが常であるため、適時の買収・売却を繰り返し価値向上に努めるという投資家的視点を持つべきだということだ。

　また、事業ポートフォリオの再編にとどまらず「稼ぐ力」そのものの改善余地を市場から突きつけられることも増えていく。たとえば、オアシスは花王に対してグローバル展開・ブランドポートフォリオ・マーケティング戦略など事業運営における戦略について花王の非効率性・不合理性を指摘、とるべき戦略についても詳細に言及し、経営陣ならびに取締役会の構成の改善を要求している。オアシスはかつて東京ドームに対しても、球場経営が先進的な米国を参考に詳細な事業改善の提案を行った。

　これらもまた、PEファンドが日本企業に対し経営の合理化を行えばリターンを出せる余地が大きい、逆にいえば、多くの日本企業でいま現在、合理的な経営が行われていないと考えられていることとつながる。日本企業の価値を高める1つの方策は、上場したままPEファンドのような経営の合理化を断行することだ。

　結果として、上場企業の経営者には「投資家視点の経営への実装」と「稼ぐ力」の最大化が常に求められるようになるだろう。経営の最適化に失敗すれば容赦なく解任もしくは買収される、あるいは善管注意義務違反で訴訟されるという手痛いダメージを負うリスクがある一方で、株価連動・業績連動のインセンティブも整備されていけば、魅力的なアップサイドもあるまさにプロフェッショナルな職業となっていく。日本の市場の洗練とともに経営の質も洗練されていき、それによりさらに魅力的なマーケットとなっていくという好循環を生み出していくことが、日本企業・経済の発展のために不可欠であるといえよう。

第5章　企業支配権市場の将来——「稼ぐ力」とプロ経営者の時代へ　149

終わりに

　筆者は、上場企業の経営者は以下の3パターンに分類できると考えている。

　まずパターン1は、株価・時価総額の向上を至上命題として考え、その最大化のために経営に粉骨砕身するタイプである。グロースしているオーナー企業の経営者などは典型的にこのタイプに当てはまる。

　パターン2は、株価・時価総額といった株主価値「も」大事だが、企業にとって他のステークホルダーも大事だ、というタイプだ。大半の企業経営者はこのパターン2に当てはまる。

　そしてパターン3は、株価・時価総額を重視することは馬鹿馬鹿しい、あるいは株価は低いほうがよいと考える経営者である。パターン3の典型例としては、大株主の創業家が相続税対策のために、時価評価される保有株式の評価がなるべく低いほうがよいと考えるケースだ。MBOを実施することを決めている経営者も、株価が低いほうが安く買えるというインセンティブが働いている。

　パターン3の多くは必然的にアクティビストからの厳しい指摘を受けることになり、最終的には市場から退出するケースが多くみられる。上場企業としてのクオリティーを高める余地があり、市場全体を活性化させる存在は、パターン2の株価「も」大事だと考えている企業・経営者であり、これが適切な企業支配権市場の働きによりパターン1に近づくときに大きな企業変革が生じ、価値創出が達成される。

　たとえばかつては栄華を誇ったが現在は不採算となっている祖業の売却であるとか、昔からの縁で保有しているアセットのオフバランス化であるとか、業界内で角が立つことを恐れない業界再編のための（事前同意がないものを含む）買収などは、それを行わなければ株主からクビにされるか、自身が買収されるといった企業支配権市場のプレッシャーが経営者に働いたときに動くことが多い。

本書で徹頭徹尾述べてきたように、こうしたプレッシャーはいまや取引所（東証）や国の後押しも受けて強まる一方だ。企業支配権市場はますます企業に対して透明性の高いガバナンスを求め、価格を主要な判断基準とさせるディールが増加していくだろう。不公正なガバナンスやM&Aが放置されれば、我が国の資本市場全体が海外機関投資家から見限られ、「日本株式会社」の価値が「バリュートラップ」から脱することは見込めない。

　反面、こうした株主価値向上の果実を企業経営者が適切なインセンティブ構造の報酬として受け取り、資本市場からの高い評価を労働市場、財サービス市場にまで反映させていく必要がある。すなわち、株価・時価総額が高いからこそ実現できる資金調達・買収により事業投資を加速させたり、買収を行い規模と生産性を高めたりすることでより「強い」事業を有する企業となり、収益性の向上を背景に人的資本にも適切に投資・還元されるという3市場間の適切なポジティブ・サイクルが回ることが重要である。そうして初めて、会社は様々なステークホルダーに十分配慮することを前提に、「株主のものである」、という命題が成り立つといえる。

　健全な企業支配権市場の成立は日本企業及び日本経済の再生と再成長に不可欠である。筆者自身もこの業界に身を置く人間として、その一助であり続けたい。

終わりに　151

事項索引

【英字】

Bumpitrage戦略 ····················· 74

EBO ····························· 8

ESG投資 ·························· 5

MBO ···························· 8

PBR 1 倍 ······················ 27,51

ROE ···························· 18

ROIC ··························· 41

SRC ···························· 45

TSR ···························· 40

【あ行】

アクティビストと事業会社の挟み

　撃ち ··························· 84

アクティビストファンド ············ 36

一般株主の賛同 ·················· 125

エクイティストーリー ········ 102,106

親子上場 ······················ 6,137

【か行】

稼ぐ力 ················ 143,147,149

株主総利回り ···················· 40

企業価値向上プラン ················ 50

企業支配権介入型 ················· 38

企業支配権市場 ······ 3,38,96,136,142

企業買収における行動指針

　······························· 3,28,112

強圧性 ··············· 31,71,132

強圧的な買収 ···················· 72

公開買付制度 ···················· 141

公正なM&Aの在り方に関する指針

　····························· 28,66,68

コーポレートガバナンス・コード

　····························· 7,137

【さ行】

自己資本利益率 ··················· 18

仕手筋ウルフパック ··············· 38

支配権介入型アクティビスト ···· 7,40

資本コストや株価を意識した経営

　····························· 26,105

真摯な検討 ················ 31,49,70

真摯な買収提案 ··········· 31,47,49,70

政策保有株式 ········· 13,16,18,136

戦略委員会 ······················ 45

【た行】

対抗TOB ···················· 18,132

大量保有報告制度 ················ 141

同意なきTOB ···················· 47

同意なき買収 ··················· 3,28

投下資本利益率 ··················· 41

投資家視点の経営への実装 ········ 148

特別委員会 ······················ 54

【は行】

買収防衛策 ················ 3,31,76

バリュートラップ ············ 20,151

非支配権介入型 ··················· 38

プロキシーファイト（委任状争奪

　戦）·························· 30

プロ経営者 ····················· 145

ホワイトナイト ·················· 80

【ま行】

マジョリティ・オブ・マイノリ

　ティ（MoM）················ 76,139

【や行】

役員報酬制度 ························· 107
有事型買収防衛策 ·················· 117

【ら行】

レブロン基準 ························· 88

事項索引　153

[著者略歴]

大熊　将八（おおくま　しょうや）

株式会社QuestHub 代表取締役CEO
東京大学経済学部卒業。大学在学時よりコーポレートガバナンスや企業不正・不祥事をテーマに『現代ビジネス』等でジャーナリスト活動を行った後、日本テレビ放送網、3Dインベストメントパートナーズ勤務を経てQuestHubを共同創業。プロキシー案件全般、リスク・コミュニケーションなどを手掛ける。ロイター通信、ダイヤモンド・オンライン、NewsPicks等でコーポレート・ガバナンスに関する発信多数。ESGアクティビズムや株主アクティビズムに関する講演多数。

アクティビストと企業支配権市場
―― 日本企業に変革と再編を迫るマーケットの猛威

2024年11月8日　第1刷発行
2025年6月20日　第4刷発行

著　者　大　熊　将　八
発行者　加　藤　一　浩

〒160-8519　東京都新宿区南元町19
発 行 所　一般社団法人 **金融財政事情研究会**
出 版 部　TEL 03(3355)2251　FAX 03(3357)7416
販売受付　TEL 03(3358)2891　FAX 03(3358)0037
URL https://www.kinzai.jp/

校正：株式会社友人社／印刷：三松堂株式会社

・本書の内容の一部あるいは全部を無断で複写・複製・転訳載すること、および磁気または光記録媒体、コンピュータネットワーク上へ入力することは、法律で認められた場合を除き、著作者および出版社の権利の侵害となります。
・落丁・乱丁本はお取替えいたします。定価はカバーに表示してあります。

ISBN978-4-322-14460-4